# 戦略的な役員報酬改革

デロイト トーマツ コンサルティング(株)
村中 靖 著

税務経理協会

# は じ め に

　役員報酬に関する書籍はいろいろと出版されている。しかし，それらの多くは，法務，会計，および税務の切り口を中心としたものであり，経営戦略的な視点に基づくもの，あるいは，役員報酬制度の改革を意識したものは少ない。

　そこで，本書は，戦略的な視点から制度改革の実践的な手法をふんだんに盛り込むとともに，改革にあたっての流れの中で適宜，法務，会計，税務にも触れるという構成を採用している。これは会社の担当者その他役員報酬改革にかかわる方々が改革に係る全体像を単独でご理解いただくことを目指しているものであり，特に，会計税務，および法務といった分野における個別具体論については外部の専門家と相談の上で最終化していただくことを想定している。

　ここに「戦略的な視点」とは，経営の方向性と整合する「あるべき役員像」の構築を通じて戦略的な役員報酬制度の構築をすることを意味する。各社の経営戦略を側面から担保するものともいえる。また，制度改革の手法については，実際に役員制度改革においてどのような論点，検討ポイント等が存在し，それぞれについて何に留意すべきなのかについて詳述するものである。

　役員報酬については他社動向に係る情報がかなり限定されていることから，他社の報酬水準を含む統計データや最新の実務を反映させることもかなり意識している。

　また，グローバル化が急激に進む中，それが役員報酬に与える影響（グローバル役員報酬）や海外経営幹部の報酬制度の構築・改革（クロスボーダーのM＆Aにおける人事デューデリジェンスや海外経営幹部の報酬制度統合・改革）における留意点にも言及した。

本書を作成するにあたっては，税務経理協会の山本俊氏に全面的にお世話になった。心から感謝申し上げたい。リーガル関連は渋谷パブリック法律事務所の弁護士　齋藤実氏，税務関連は税理士法人トーマツの税理士　川井久美子氏にそれぞれ専門の立場からアドバイスをいただいた。両氏にも感謝したい。最後に，デロイト トーマツ コンサルティングの河野通尚氏には全体を通じて有益なアドバイスをいただいた。

　2013年2月

　　　　　　　　　　　　　　　　　　　　　　　　　　　　　村中　靖

## contents

### CHAPTER 1　役員報酬とは何か　　1
1　本書における「役員」と「報酬」の範囲 ---------------------------------------- 1
2　役員報酬の会社法上の位置付け ------------------------------------------------ 2
3　法人税法上の位置付け -------------------------------------------------------- 7

### CHAPTER 2　役員報酬に求められる戦略性　　9
1　日本を取り巻く環境 ---------------------------------------------------------- 9
2　役員の重要性 ---------------------------------------------------------------- 10
3　役員報酬に求められる戦略性 -------------------------------------------------- 11

### CHAPTER 3　役員報酬を取り巻く環境　　18
1　米国における役員報酬とこれを取り巻く環境 ---------------------------------- 18
2　日本の役員報酬とこれを取り巻く環境 ------------------------------------------ 22

### CHAPTER 4　役員報酬の現状と課題　　24
1　役員報酬の現状 -------------------------------------------------------------- 24
2　役員報酬制度の一般的な課題 -------------------------------------------------- 26

### CHAPTER 5　役員退職慰労金の存廃の是非　　41
1　役員報酬改革と役員退職慰労金の関係 ------------------------------------------ 41
2　役員退職慰労金の仕組み ------------------------------------------------------ 41
3　退職慰労金の支給要件 -------------------------------------------------------- 42
4　役員退職慰労金制度が導入された背景 ------------------------------------------ 43

| 5 | 役員退職慰労金のメリット | 43 |
| 6 | 役員退職慰労金が廃止傾向にある理由 | 45 |
| 7 | 他社動向等 | 46 |

## CHAPTER 6　役員退職慰労金を廃止する場合の方法　49

| 1 | 過去分の取扱い | 49 |
| 2 | 将来分の振替え方法 | 50 |
| 3 | 退職慰労金制度を廃止する際の手続 | 53 |
| 4 | 退職慰労金を存置する場合の対応 | 54 |
| 5 | 役員退職慰労金に係るその他の論点 | 55 |

## CHAPTER 7　役員報酬の改革・見直し　57

| 1 | 役員報酬戦略 | 57 |
| 2 | 役員報酬改革の程度の決定 | 64 |
| 3 | 役員報酬の構成要素および比率 | 65 |
| 4 | 年　　俸 | 69 |
| 5 | 賞　　与 | 77 |
| 6 | 中長期インセンティブ | 96 |
| 7 | ストックオプション | 106 |
| 8 | 役員退職慰労金 | 125 |
| 9 | その他の報酬等 | 126 |
| 10 | 役員報酬改革以外の論点 | 127 |

## CHAPTER 8　取締役に対する評価　130

| 1 | 業績評価を実施する理由 | 130 |
| 2 | 評価の方法 | 132 |

## CHAPTER 9　社外取締役の報酬　　133

1　社外取締役の役割等 ―――――――――――――――――――――― 133
2　社外取締役の報酬 ―――――――――――――――――――――――― 134
3　社外取締役の報酬水準 ――――――――――――――――――――― 134
4　報酬の決定プロセス ―――――――――――――――――――――― 135

## CHAPTER 10　執行役員の報酬　　136

1　執行役員制度 ――――――――――――――――――――――――――― 136
2　執行役員制度に係る近時のトレンド ―――――――――――――― 138
3　執行役員制度を設計するにあたっての論点 ――――――――――― 138
4　執行役員の報酬 ――――――――――――――――――――――――― 140
5　執行役員の退職慰労金 ――――――――――――――――――――― 142

## CHAPTER 11　使用人兼務取締役の報酬　　144

1　使用人兼務取締役の会社法上の地位 ――――――――――――――― 144
2　使用人兼務取締役の税務上の地位 ――――――――――――――― 145
3　使用人兼務取締役の報酬 ――――――――――――――――――――― 147

## CHAPTER 12　監査役の報酬　　148

1　課題と方向性 ――――――――――――――――――――――――――― 148
2　監査役に対する評価 ―――――――――――――――――――――― 149

## CHAPTER 13　役員報酬の決定方法・プロセス　　150

1　監査役会設置会社の場合 ―――――――――――――――――――― 150
2　委員会設置会社の場合 ――――――――――――――――――――― 152

## CHAPTER 14　役員報酬の総枠の決定方法　161

1　報酬総枠の決定プロセス --------- 161
2　報酬総枠の変更と役員退職慰労金の廃止 --------- 161
3　報酬総枠の範囲の決定方法 --------- 162

## CHAPTER 15　役員の選抜・育成（サクセッション・プラン）　163

1　役員の選抜・育成の重要性 --------- 163
2　役員候補者の選抜 --------- 163
3　役員候補の育成 --------- 165
4　役員後任者の決定 --------- 168

## CHAPTER 16　役員報酬とディスクロージャー　169

1　会社法上のディスクロージャー --------- 169
2　金融商品取引法上のディスクロージャー --------- 170

## CHAPTER 17　グローバル役員報酬　175

1　グローバル役員報酬 --------- 175
2　グローバル化とグローバル人材マネジメント --------- 177
3　グローバル役員報酬の構築 --------- 180

## CHAPTER 18　海外経営幹部報酬　183

1　海外経営幹部報酬 --------- 183
2　M＆Aと海外経営幹部報酬 --------- 189

参考文献 --------- 197
索　　引 --------- 199

# 凡　例

　本書では，以下の略語を適宜使用する。

1　法令，政省令の引用について

| 略　　語 | 名　　　　称 |
| --- | --- |
| 会社 | 会社法 |
| 会規 | 会社法施行規則 |
| 金商法 | 金融商品取引法 |
| 開示府令 | 企業内容等の開示に関する内閣府令 |
| 外為法 | 外国為替及び外国貿易法 |
| 法法 | 法人税法 |
| 法令 | 法人税法施行令 |
| 法規 | 法人税法施行規則 |
| 法基通 | 法人税基本通達 |
| 所法 | 所得税法 |
| 所令 | 所得税法施行令 |
| 措法 | 租税特別措置法 |
| 措規 | 租税特別措置法施行規則 |
| ＩＲＣ | Internal Revenue Code（米国内国歳入法） |

2　判例集の引用について

| 略　　語 | 名　　　　称 |
| --- | --- |
| 民集 | 最高裁判所民事判例集 |
| ジュリ | ジュリスト |
| 判時 | 判例時報 |
| 判タ | 判例タイムズ |

# CHAPTER 1　役員報酬とは何か

## 1　本書における「役員」と「報酬」の範囲

　先ず，役員報酬にいう「役員」の範囲を明確にしておく必要がある。そもそも「役員」とは，本書の性質上，特に記載の無い限り，取締役，および，監査役を指すものとする。会計参与も会社法上の役員に含まれるが（会社329条1項），会計参与については上場企業における設置率が低いという実態を考慮し，必要最低限の記述に留める。ちなみに会計参与とは，税理士等の資格を持つ専門家が就任する機関で，取締役と共同で計算書類を作成する役割を担う。特に，中小規模の会社の計算の適正化を促進する立場にある。

　執行役については，会社法上，役員「等」に位置付けられている（会社423条1項）が，委員会設置会社特有の制度であることから，必要に応じて言及する。

　執行役員については，株主総会ではなく取締役会で選任されるにすぎず，「重要な使用人」（会社362条4項3号）としての位置付けがなされることが通常であるが，近時，執行役員の報酬をベースとして役員報酬を構築する例が増えてきていることから，執行役員報酬についても積極的に言及している。また，役員「等」には会計監査人も含まれることもあるが，会計監査人は外部の法人であり，監査報酬の交渉はあり得るにしても会計監査人の報酬制度を監査対象企業が設計することは通常無いため検討の対象外としている。

　なお，会社の機関設計との関係では，注意書きが無い限りは，取締役会設置会社で監査役会設置会社を念頭に置いているが，委員会設置会社についても，都度，言及している。

図表1-1■会社法上の役員の範囲

| 役員 | 取締役，会計参与，監査役 |
|---|---|
| 役員等 | 取締役，会計参与，監査役，執行役，会計監査人 |

会社法上の役員の範囲と比較して，法人税法上の役員の範囲はやや広く，定義規定によれば，「法人の取締役，執行役，会計参与，監査役，理事，監事及び清算人並びにこれら以外の者で法人の経営に従事している者のうち政令で定めるもの」とされている（法法2条15号）。会社法等における役員に加えて，法人の経営に従事する一定の者をみなし役員として役員に含める点が主たる相違点である。

図表1-2■税法上の役員の範囲

| 役員 | 取締役，執行役，会計参与，監査役，理事，監事，清算人 | |
|---|---|---|
| みなし役員 | 上記以外で①か②に該当する者 | ①法人の使用人以外の者でその法人の経営に従事している者 |
| | | ②同族会社の特定株主等の使用人でその会社の経営に従事している者 |

次に，役員報酬の「報酬」の範囲だが，ここでは会社法361条1項の1号から3号に該当する全ての報酬を対象としているが，中でも世間で利用度の高いものを主として掘り下げていきたい。

## 2 役員報酬の会社法上の位置付け

### (1) 役員報酬に係る会社法上の規定

取締役は会社のために業務執行等の職務を行う地位にあり，会社からその対価として報酬を受けるのが通常である。その取締役と会社の法律関係については民法上の委任の規定が適用され（会社330条），委任契約は無償を原則とする（民法648条1項）ものの，実際には有償の委任契約，つまり，業務の対価と

して役員報酬を支給するケースが多い。ただし，例えば，取締役や従業員が子会社の取締役を兼務しているケースを見ると，子会社において取締役としての報酬が無償とされることも少なくない。とはいえ，こういった事情がない限り無償で役員に就任するケースは少ない。

　役員報酬については，会社法上，取締役について361条，そして，監査役については387条に規定されており，いずれも報酬を定款で定めるか，あるいは，株主総会の決議事項とすることを求めている。

　役員報酬を支給する場合には取締役や監査役は会社と任用契約（委任契約）を締結し，その内容として報酬の約定をし，報酬に係る定款の定めが無い場合には，株主総会決議によって報酬請求権が権利として具体化される。つまり，株主総会決議があって初めて会社に対して役員報酬を請求することが可能となる。権利が具体化していないと，仮に役員報酬を請求すべく裁判所に訴えても通常は訴えが却下されることになる。

　これに対して，委員会設置会社における執行役等の報酬については，会社法404条3項，409条に規定されている。委員会設置会社においては株主総会ではなく，報酬委員会が執行役等の個人別の報酬等の内容を決定する。そして，執行役が委員会設置会社の支配人その他の使用人を兼ねているときは，当該支配人その他の使用人の報酬等の内容についても，同様に報酬委員会が決定する。

## (2) 取締役の報酬に係る会社法上の規定の趣旨
### イ）監査役（会）設置会社の場合

　監査役（会）設置会社における取締役の報酬の決定は，取締役の業務の一環としての業務執行と捉えることができるため，本来的には，取締役会で決定すべき事項である。確かに，取締役は経営の専門家，かつ，会社に忠実義務を負う立場にある（会社355条）。とはいえ，自らの報酬水準等を私利私欲を排して適正に設定することは期待できないし，そうすべきではないだろう。取締役に自らの報酬を決定させると報酬をお手盛り（自分で好きなように器に食事を盛り付ける）するといった弊害が生じる可能性があるからである。自己の債務を

会社に保証させる等の利益相反取引のケースでは、会社の犠牲の下、取締役が自己の利益を図ることが会社法上規制されているが、まさにこれと同様の趣旨があてはまる。取締役はもともと会社の経営について株主とは異なる利害関係を有することがあり、報酬面においても同様の利益相反が生じる可能性があるのは当然といえば当然である。そこで、会社法は、取締役の報酬を取締役会ではなく会社の定款で定めるか、あるいは、株主総会における株主の判断に委ねなければならないとしたのである。

ほとんどの企業では、定款ではなく株主総会において役員報酬を決定する方式を採用している。これは、定款事項としてしまうと報酬総枠を変更する場合、都度、定款変更を要することとなり、定款変更が株主総会の特別決議事項とされていることから（会社466条、309条2項11号）柔軟性に欠けるためである。

ロ）委員会設置会社の場合

委員会設置会社においては、定款や株主総会決議で報酬を定めるのではなく、報酬委員会が執行役等（執行役および取締役）の個人別の報酬を定める（会社404条3項）。会社法上、社外取締役でない取締役は、執行役を兼ねることができ（会社404条6項）、しかも、執行役を兼務する取締役の員数には制限が無い。そのため、執行役の報酬を取締役会で決定できるものとするとお手盛りの弊害が生じる可能性があり、これを防止しなければならない。委員会設置会社の場合にも規制方法は異なるものの、結局のところ、監査役（会）設置会社と同様お手盛りの弊害防止の趣旨があてはまるという説明が可能である。

(3) 取締役の報酬の種類と規制等

取締役の報酬について規定する会社法361条は第1項各号に規定する事項について株主総会決議を経なければならないとしている。①報酬等のうち額が確定しているもの（1号）、②報酬等のうち額が確定していないもの（2号）、および、③報酬等のうち金銭でないもの（3号）である。いずれかに該当するということは、「職務執行の対価として株式会社から受ける財産上の利益」としての「報酬等」に該当することになり、取締役が報酬等の支給を受けるために

は株主総会の決議が要求されることになる。

図表1－3■会社法361条1項の報酬等の類型

| 号数 | 規制対象 | 決議事項 |
|---|---|---|
| 1号 | 報酬等のうち額が確定しているもの | 額 |
| 2号 | 報酬等のうち額が確定していないもの | 具体的な算定方法 |
| 3号 | 報酬等のうち金銭でないもの | 具体的な内容 |

　先ず，1号報酬は，固定報酬が典型である。「額」について定めるものとされているが，実務上は，個人別の具体的な支給額ではなく，取締役全員の報酬額の上限額（総枠）だけを株主総会で決定して具体的な配分については取締役会の決議に委ねる方法を採用する例が多い。株主の立場からすると，取締役の報酬については，個人別の額を明らかにしたものをベースとして株主総会決議を経るようにすることが望ましい。しかし，会社法361条は404条3項および409条3項とは異なり「個人別の」報酬等と定めていないし，そもそも株主総会決議を経なければならない趣旨がお手盛りの防止にあることからすれば，株主総会の決議で取締役全員の報酬の総額を定めている以上，その具体的な配分について取締役会の決定に委ねるものとしたとしても，必ずしもこの趣旨に反しない。実務上，このような運用をする企業が大部分である。

　また，役員退職慰労金も役員退職慰労金規程等によって具体的な金額が定まっているのが通常であり，額の定まった金銭報酬として1号に該当する。

　ではストックオプションについてはどうか。ストックオプションについては会社法が規制対象を旧商法の「報酬」に限定せず「報酬等」としたことを受け，361条の報酬等に含まれることになった。「財産上の利益」に該当することは明らかだからである。そして，ストックオプションを相殺方式（新株予約権者である取締役が発行会社に対して有する報酬請求権をもって相殺払込みを行う方法）で割り当てる場合には，払込みに代えてする相殺に充てる金銭報酬が支給されることになるから1号に位置付けることが可能である。

　次に，2号報酬には，業績連動型報酬が該当し，その具体的な算定方法を株

主総会で決議する必要があるとされる。とすれば，賞与の仕組みを導入する場合には必ず2号の決議を経なければならないのではないかとの疑問が生じる。しかし，2号は，賞与について必ず1号の固定報酬と別枠で決議を取らなければならないとするものではなく，固定報酬とセットで（額が確定している報酬の一部として）総額についての1号決議をとることをも認めている。そうなると2号の存在意義がよくわからないようにも思えるが，本号は，業績連動の計算式によって算出された報酬額が予め決められた取締役報酬の総額を超過した場合であっても賞与の支給を適法とする効果を生じさせるものであり，総額決議という方法に加えて算定式の決議という方法をも選択肢として加えるものといえる。実際，この理解に基づき，企業では賞与について別途2号決議を取らず，1号の総枠決議の範囲内で対応している例が多い。

さらに，3号報酬は，金銭で無い報酬を指し，現物給与がこの典型である。これは，金銭以外のものにはその価値の評価方法が明確でない，あるいは，相場によって価値が変動するものがあり，「額」の決議では対応することが困難な場合があるところ，こういった事態に対応するためのものである。

ストックオプションも現物方式（新株予約権の公正価値についての払込みを要しない方式）で割り当てる場合にはこれに該当するといわれる。新株予約権の対価としての金銭の払込みを要しないものとして割当てを行うと，割り当てる新株予約権そのものが非金銭報酬といえるからである。このようにストックオプションは方式如何によっては1号にも3号にも該当し得ることになる。

なお，2号および3号に関する議案については，これらを提出した取締役は，株主総会においてそれらの算定方法やその内容を相当とする理由を説明しなければならない（会社361条2項）。

## (4) 監査役の報酬に係る会社法上の規定の趣旨

これに対して，監査役について定款あるいは株主総会決議に委ねられている趣旨は取締役のそれとは異なる。すなわち，監査役の報酬の決定についても業務執行だとして取締役が決定できるとすれば，会社法が監査役の独立性を重視

している趣旨が没却されることになる。報酬への影響力をちらつかせることによって監査役に圧力を与えることになりかねないからである。監督される立場にある者が監督する立場にある者の報酬を決定することが独立性を害する危険性を生じさせることは明白である。

　また，監査役の報酬についても，取締役同様，株主総会の決議に委ねる例が多く，一度監査役の報酬の総枠について決議を経ると，あとは，総枠を超えそうな場合を除いては株主総会の決議を経ないようにする運用がなされることが多い。

　なお，会計参与の報酬についても株主総会決議事項とされているが，これも監査役の場合と同様の趣旨，すなわち，会計参与が計算書類を作成するにあたってその独立性を確保するためである。

# 3　法人税法上の位置付け

　役員報酬の法人税法上の位置付けを論じる意味は，主として損金算入の可否にある。従業員の給与については賞与も含めて基本的には全額損金算入ができるが，役員となると損金算入できる場合が限定されているからである。

　法人税法上，役員報酬は役員給与と呼ばれるが，役員給与は原則として損金不算入とされる。ここには，事実を隠蔽し，または仮装して経理をすることによって支給される給与も含まれる。もっとも，例外的に，①定期同額給与，②事前確定届出給与，ないし，③利益連動給与に該当する場合には，例外的に損金算入が認められる。これらはあくまでも例外的な取扱いであるから，それなりに厳格な要件が課されている。

　3つの例外を簡単に紹介すると，先ず，①の定期同額給与とは，役員に対して支給する給与のうち，支給時期が1ヶ月以下の一定期間毎で，その事業年度の各支給時期における支給額が同額であるもの，その他これに準ずるものをいう。いわゆる月例給というかたちでの支給について損金算入を認める制度である。定期同額給与からは，退職給与，ストックオプション，および使用人兼務

役員の使用人分給与は除かれる。

　また，②の事前確定届出給与とは，「役員の職務につき所定の時期に確定額を支給する旨の定めに基づいて支給する給与で，一定の届出期限までに所定の事項を記載した書類を，納税地の所轄税務署長に届出をしている給与」をいう（法法34条1項2号）。これは，賞与であってもあらかじめ定められた報酬の一部を夏冬等に支給する場合には，損金算入を認めようという制度である。

　③の利益連動給与とは，「役員の給与を会社の業績指標等と連動させるもの」である（法法34条1項3号）。これは，会社の業績指標等と連動させた賞与について一定の要件の下で損金算入を認めようとするものといえる。

# CHAPTER 2　役員報酬に求められる戦略性

## 1　日本を取り巻く環境

　日本は基礎研究の分野では京都大学の山中教授のノーベル医学・生理学賞の受賞に見られるように，依然として強い地位を維持している。戦後の自然科学の分野でのノーベル賞受賞数は，アジアにおいて圧倒的No.1である。2000年以降を見ると，自然科学の分野で受賞者が10名に到達しているのは米国以外英国と日本しかない。米国が世界の縮図だとすれば，日本のような単独国家でこれだけの実績を上げてきたのはかなりすごいことと言って良いだろう。ノーベル賞は科学の最先端の成果に対して与えられるものであるから，日系企業の総合的な技術力との間にはある程度の相関があるはずである。ところが日系企業全体で見ると，優秀な技術者が多数いてもそれが企業の中に眠っているだけで，上手く売上に結びつけることができていないことが少なくない。海外でマーケティング，営業の分野で強みが発揮できていない点が原因の1つとして挙げられる。ではこれらを改善できれば安泰かと言えばそうでもなく，実際，頼りの技術も「あと何年世界トップ・レベルを維持できるのか」ともいわれる分野も少なくない状況にある。

　海外への輸出が中心の企業について言えば，直近ではその影響は緩和されつつあるものの，円高の影響も極めて大きい。その影響もあり，日本経済を牽引してきたエレクトロニクス事業は総じて元気が無い。

　そういった中で，日本経済の成長率は低迷し，その結果，ＧＤＰが世界第2位から第3位に転落した。アジア第1位はもはや日本ではないという認識が世界中で広まりつつある。例えば，グローバル・ニュースを提供するメディアとして定評のあるＣＮＮを見ていても「情報操作が行われているのではないか。」

と邪推したくなるほど日本が取り上げられることが少なくなった。ほとんど存在が無いという扱いである。取り上げられることがあっても多くは経済不安の一例として取り上げられるくらいである。また，欧米のトップビジネススクールにおいても，近年では日本企業のケーススタディはオペレーションの場面で一部紹介される程度であり，存在感が低下している印象は否めない。

## 2 役員の重要性

　とはいえ，当たり前の話だが，日本経済が低迷しているからといって日本企業全体が低迷するということにはならない。エレクトロニクス事業が低迷しているからエレクトロニクスを中心とする企業の全てが低迷しているとは限らない。多くの企業にはやりようによっては成長の機会があるはずである。しかし，現実には多くの企業はなかなかそうはいっていない。その理由の1つがマネジメント力であろう。マネジメント力無くして従業員の能力を最大限に発揮させ，大きな成果を生み出すことはできない。かつて日本企業に追いつくことを至上命題としていたサムスンは徹底的に日系企業の強みを研究したそうである。技術力を筆頭に日系企業にはどうやっても勝てそうにないと感じた同社は，発想を転換し，日系企業の弱みを徹底的に探した。その結果，日系企業にはマネジメント力が欠けており，ここで勝負できるとの結論に到達したそうである。
　日系企業の従業員の能力はグローバルで見ても総じて高い。しかし，マネジメント力の欠如を典型に役員の能力が不十分な企業が少なくない。役員の能力を大きく向上させることができれば日系企業の業績も上向く可能性が高い。それだけ役員は重要なのである。「うちの役員は何をしているのかよくわからない」という声が従業員から上がるようならその企業の役員は余程謙虚で自分の功績をこっそりと部下の功績にしている人材か，上がりのポストに甘んじている余り付加価値を生んでいない人材のどちらかの可能性が高い。
　企業に技術が眠っているものの，適切な商品化に繋がっていないのであればそれができる人材を役員にしなければならない。それができる人材がいないな

ら育成しなければならないし，時間的な余裕がないなら外部から登用しなければならない。

　もちろん，すごい役員を連れてきただけで会社の成長率が急激に上がるとは限らない。役員のアイデア等を実際に推進する従業員の力も極めて重要だからである。

　しかし，少なくとも役員報酬の世界においては，役員こそが会社の命運を握る立場にあるというスタンスで検討を進めなければならない。優秀な役員がいれば苦境も打破できるが，そうでなければ会社は沈没する。それだけ会社にとって役員は重要なのである。近時では，日本航空をV字回復に導いた稲盛氏や，GEからLIXILに転じて改革を推し進める藤森氏の例が挙げられる。

## 3　役員報酬に求められる戦略性

### (1)　戦略性の必要性

　このような役員の役割の重要性に鑑みれば，役員は「優秀な人材」であるとか「人事考課が継続的に良かった」という程度ではだめで，圧倒的なビジネス・モデルを構築できるような「すごい人」でなければならない。ただ，「すごい人」といっても求められる「すごさ」は企業によって大きく異なる。先端技術を売りにする会社と営業力を売りにする会社では求められる「すごさ」が違うのは明らかである。部長として「すごい」からといって役員として「すごく」なれるとは限らない。一事業を担当する立場と全社を担う立場は大きく異なり，求められる能力等も大きく異なることが多いからである。

　結局のところ，自社なりの「すごい人」を役員に就任させることができれば企業は競争優位性を維持するにあたって優位な地位に立つことは確かである。

　とはいえ，「すごい人は誰か。」と社内で問いかけたとしても意見が全く一致しないということもある。仮に概ね意見が一致したとしても，「すごい人」ではあるものの，その「すごさ」の方向性が会社の方向性に合致しているとは限らない。

## (2) あるべき役員像

　そこで，自社を取り巻く環境，経営の方向性等に照らし，「すごく」，かつ，会社の方向性に合致している人材を役員に据える必要がある。となると，その「すごい」人材の報酬（さらには役員の獲得，育成等）をなんとなく決定すると言うのは論外といってよいだろう。競合他社との競争に打ち勝てるだけの戦略性が報酬面においても不可欠である。

　そのためには，「すごく」，かつ，会社の方向性に合致している人材像，すなわち，「あるべき役員像」を明確化すべきである。

　ところで，ここでは現行の経営の方向性や経営戦略を破壊して全く新しい経営の方向性を打ち立てたいといったケースはあえて除外する。なぜなら，そういう狙いがある場合には新たな会社をグリーン・フィールドから設立した方がてっとり早いことが多く，かつ，効率的なことが多いし，一方，既存の経営戦略をベースとしつつ，そういった革新的な人材像をあるべき人材像として策定することは極めて困難だからである。

　現行の経営の方向性をある程度踏襲しつつ競合他社との差別化を図っていきたいという通常のケース，つまり，ビジネス・ドメイン等を大きく変化させずに新たな経営戦略を立案し，これを実行し，大きく企業の業績を向上できるような役員を想定するのであれば，あるべき役員像の明確化こそが戦略性のある役員報酬構築の大前提といえる。これなくして，あるべき人材の獲得，育成，繋ぎ止めは極めて困難といえるからである。例えば，優秀な役員の候補者が複数存在した場合に，明確な選抜基準がなければ単なる好き嫌いによって決めざるを得ない。

　また，役員候補を育成するとしても，あるべき人材像が明確化していなければ育成の方向性が定まらない。なんとなくリーダーシップを身につけさせるとかＭＢＡの知識を実践できるようにするといった研修に終始することになりかねない。あるべき人材像がなければ役員を評価することも困難である。あるべき役員像に近い行動を取っていること，さらにはあるべき業績を達成してこそ評価すべきだからである。また，あるべき人材像が明確化すればそういった人

材がマーケットにどの程度存在するのかがある程度見えてくる。その結果，あるべき人材のマーケット価値（報酬水準）も見えてくることになり，獲得・繋ぎ止めに必要な報酬もある程度明確化する。

　では，どのようにしてあるべき人材像を創り出すべきか。この点，3つの要素が考えられる。第1に，新たな経営戦略等を立案（あるいは現行の戦略を修正）する能力が求められる。第2に，現行の経営の方向性，経営戦略，ビジネスモデル等と整合的な能力である。第3に，（これは役員の監督機能に着目した能力であり）リスク管理能力である。

**図表2−1■あるべき役員像の3要素**

| | |
|---|---|
| 1 | 全社（あるいは担当する事業部の）戦略等の立案能力 |
| 2 | 現行の経営の方向性と整合的な能力 |
| 3 | リスク管理能力 |

　1点目は，役員（中でも取締役，執行役，執行役員）に求められる極めて重要な能力の1つである。従業員であれば基本的に経営戦略との整合性だけを意識すれば足りるが，役員となると経営戦略自体に疑問を呈することができなければならない。ただし，その必要性の程度は当然企業によって異なる。ビジネス・ドメインの変化が想定されず，かつ，技術革新等が基本的に想定されない企業においては経営戦略，ビジネス・モデル等を立案する能力のウェイトは低いし，そうでない企業においてはそのウェイトは高くなる。この能力のポイントは，自社の業界について知見のある人材（例えば，同じ業界出身の人材）であれば社外の人材でも対応し得る能力だという点である。

　また，3点目は，リスク管理能力，すなわち，経営活動に生じる様々な危険を，最少の費用で最小限に抑えることのできる能力であるから，当該業界に関する知見の必要性は低く，他の業界にも同様の能力を備えている人材は少なからず存在する。

　そうなると，あるべき人材像を構築するにあたって最も自社特有の要素が強いのが第2の能力といえよう。

## (3) あるべき役員像における「現行の経営の方向性と整合的な能力」

あるべき役員像とはどのような経験・キャリアを経て、どのような能力を保持し、どのような行動を取り、どのようなパフォーマンスをあげるのかを明確にすることによって、どのような人材を役員に登用し、どのような方向で役員候補を選抜・育成し、処遇すべきなのか、といった基準等を策定するにあたっての拠り所となるものである。

とはいえ、例えば、「どのような経験・キャリアを経験すべきか」といっても自社が何を重視しているのかが明らかでなければ「役員になるならいろいろ経験するに越したことが無い」という曖昧な基準にならざるを得ない。

そこで、何を重視すべきかを判断するにあたって、自社の経営戦略が現在どの方向を向いているのか、さらには、方向転換する可能性があるのかどうか等を検討、確認することが出発点となる。例えば、図表2-2との関係では、自

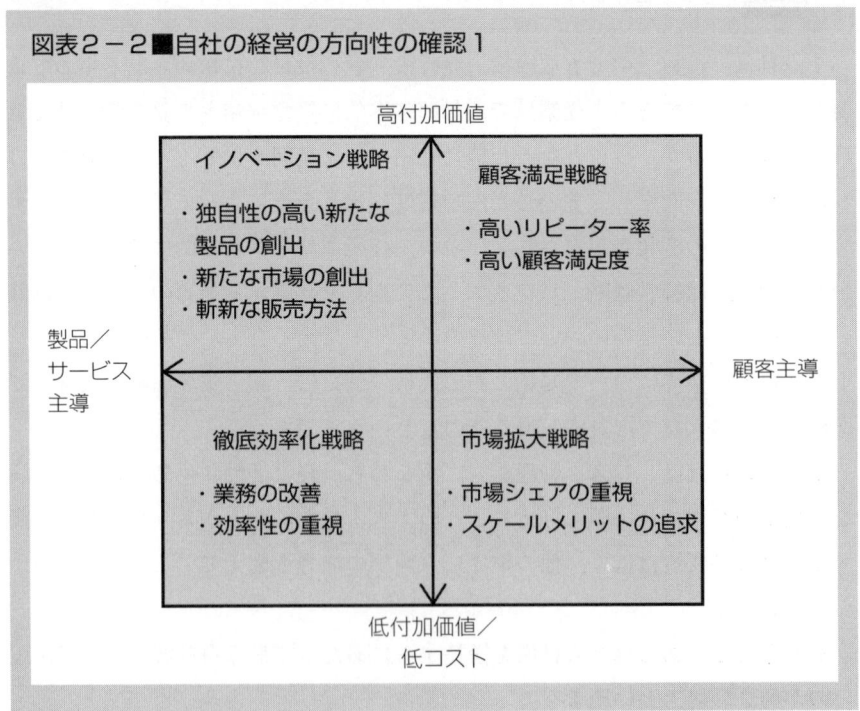

図表2-2■自社の経営の方向性の確認1

社の経営戦略が4象限のどの方向に一番近いのかを確認することである。場合によっては，現在のリソースを前提として本当にそのポジショニングで良いのか，他の象限にシフトした方が良いのか否かについても検討が必要かもしれない。

次に，同じく経営の方向性を把握・確認するにあたり，自社の中でどの部門，職種ないし業務プロセスが重要とされているのか，あるいは，その方向を転換すべきなのかどうかについて洗い出すことも重要である。そのためには，自社のバリュー・チェーンの中でどの機能が重要なのかを洗い出す必要がある。図表2-3は製造（販売）業のバリュー・チェーンである。

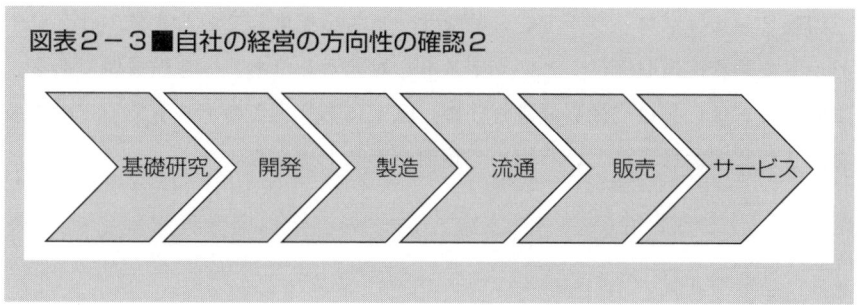

図表2-3■自社の経営の方向性の確認2

場合によっては，例えば，当初は開発がコア業務とされていたが環境の変化によって販売をコア業務として位置付けさせる必要があるかもしれない。

こういった自社の経営戦略や経営の方向性を把握する作業を通じてあるべき役員像を策定するにあたって必要とされる，①経験・キャリア，②能力・行動要件，③パフォーマンス要件が少しずつ明らかになる。例えば，イノベーション戦略を採用し，かつ，開発をコア業務とする企業であれば，開発のキー・ポストを経験した人材こそがあるべき役員像の①の要件を充足することになる。イノベーションにもいろいろあるが，技術的に画期的な商品を狙う路線であれば，当該企業においては開発の経験がおそらく不可欠ということになる。新たな市場の創出をイノベーションの核とするのであれば販売経験が不可欠ということになろう。

あるべき役員像といった場合，社長を念頭に置く場合もあるが，併せてその

下の役員を想定して各事業部毎にあるべき役員像を作成することも多い。その場合，イノベーション戦略における各業務の位置付けを認識しつつあるべき役員像を策定することになる。

　以上，役員報酬の戦略性について見てきたが，あるべき人材像を創り出すことは容易ではない。理想じみていると考える方もおられるだろう。しかし，あるべき役員像がなければ基準が曖昧なままで「すごい人」を闇雲に探すという戦略性を欠く事態が生じることになるのではなかろうか。完璧なあるべき役員像を策定することが難しくても，それなりのあるべき役員像を策定することには大きな意味がある。

　図表2-4はグローバルで総合的なサービスを提供しているA社の「グローバル事業開発担当取締役」というポストを対象としたあるべき役員像である。このポストはＣＥＯ（最高経営責任者）直下にあり，このポストで一定の成果を出せれば次はＣＥＯという極めて重要なポストである。

## 図表2－4■あるべき役員像（例）－グローバル・サービス企業A社の例

| 候補者グループ | Group 1 | キーポスト | グローバル事業開発担当取締役 | |
|---|---|---|---|---|
| 期待されるコンピテンシー | 競争力 | | 日本にとどまらず他のエリア（例えば，欧州）の事務所と共働する等により新たな市場を発掘ないし生み出すことができる。 | その他の要件 |
| | 影響力 | | 誰もがその人材の意見等に耳を傾け，社内外において幅広く賛同・支持を得られることができる。 | ポジティブかつ強い行動力 |
| | 戦略的方向性 | | 社内外からの賛同が得られる中長期ビジョン，戦略，ビジネス・モデル等を具体的に示すことができる。 | |
| | 業績の向上を促す力 | | 各組織のリーダーに業績責任を具体的に理解させるとともにそれを個々人にコミットさせ，成功を促すことができる。 | |
| | 人材育成 | | 将来のリーダーに対して効果的なコーチング，メンタリングを施し，それらの人材の能力を向上させることができる。 | |
| | 指導力 | | 事務所，サービスラインを問わず，特に，マーケティング，営業面で強烈なリーダーシップを示すことができる。 | |
| 知識・スキルおよび経験 | 組織運営，人材マネジメントの経験 | | 部門，サブ・サービスライン等の責任者として組織の戦略を策定し，組織を指揮した経験がある。 | 国内の他のサービスラインのマネジメント経験，および海外グループにおけるマネジメント経験 |
| | 英語でのコミュニケーション | | グローバルにおける交渉，提案等の場において，文化，意見等の相違を乗り越え相手を説得することができる。 | |
| | 専門性 | | 社内外の専門性を活用し，国内のグループ法人の経営者として適切な見解や判断を外部に示すことができる。 | |
| | グループ内でのネットワーク力 | | 国内の各サービス・ラインのリーダーはもとより各エリアのリーダーと強い信頼関係を構築している。 | |
| | クライアントとのネットワーク力 | | グループにおける複数のプライオリティー・アカウントと密接な関係を持ち，クライアントの重要な意思決定の場面において助言を求められる立場にある。 | |

# CHAPTER 3　役員報酬を取り巻く環境

## 1　米国における役員報酬とこれを取り巻く環境

　日米の役員報酬はかなり異なるものの日本の役員報酬は少なからず米国の影響を受けている。1997年のストックオプションの解禁や近時のディスクロージャー強化の傾向がこれに該当する。そこで、米国の役員報酬とこれを取り巻く環境を見ていきたい。

　先ず、米国の報酬水準は1980年代以降、高騰化傾向にあるが、これはなぜなのだろうか。

　報酬水準が高騰化した決定的な要因としては、いかに米国とはいえ優秀な経営者は限られており、報酬水準の相場は売り手市場にならざるを得なかった点が挙げられる。優秀な経営者は欧州だろうがアジアだろうが容易に就職先を見つけることができるからである。

　また、米国における役員報酬は、日本と異なり、基本的には取締役会によって決定される。ただし、多くの企業では、実際には取締役会そのものが役員報酬を決定するのではなく取締役会によって設置された報酬委員会において決定される。この報酬委員会は、数名の独立取締役（日本の社外取締役に相当するが、それよりも会社からの独立性が高い）によって構成されるのが通常である。とはいえ、報酬委員会の委員は必ずしも役員報酬の専門家ではなく、役員報酬の見直し、報酬水準設定等については、コンサルティング・ファーム等の外部のアドバイザーに業務委託することが多い。役員報酬の見直しを実施する際、人事コンサルティング・ファームは他社の役員報酬のベンチマーク調査を実施し、これを基準としてクライアントの報酬水準に関するアドバイザリーを提供することになるが、その際、多くの企業は自社の役員報酬の水準を他社と同等

ないしはそれ以上に設定しようとするのが通常である。これによって何が起きるのかというと，自社の報酬水準が他社より低いと知った役員は，自社の報酬水準を他社水準に設定しようする。各社がこういった行動を取ることによって新たな報酬水準がベンチマーク調査結果に反映され，役員報酬が上昇するという傾向が生じることになる。

さらに，ＣＥＯが取締役会の会長を兼務することは一般的であるところ，報酬委員会は取締役会によって設置される機関であるがゆえに，事実上ＣＥＯの意向を反映せざるを得ない場合も考えられる。さらに，取締役ないし報酬委員会から委託されたコンサルティング・ファームが役員の意向を受け，報酬水準について若干高めの調査結果を提出する可能性もある。確かに，報酬委員会を設置する趣旨は，ＣＥＯからの影響力を排除する点にあるが，実際にはＣＥＯに近い人物が報酬委員会の委員に就任することもあり，ＣＥＯの影響力が完全に排除されているとは言い難いケースも見られる。

このように役員報酬が会社業績，株価等から切り離されたかたちで高騰化したことから，投資家や従業員の不信感が高まり，経営者報酬の決定プロセスに株主が関与する機会を設けることで，経営者が自分自身の報酬を独断的に決めることが無いようにする必要性が高まった。

そこで米国において導入されたのがSay on Payである。Say on Payとは，役員「報酬」（Pay）に「対して」（on）株主が「物言う」こと（Say）を認める制度をいう。役員報酬に関する議案を株主総会に諮り株主の決議の対象とするものである。この制度はそもそも英国で2002年に導入され，欧州各国で制度構築が進んだ。一方，米国では2010年の金融規制改革法（Dodd-Frank Act）によって，2011年1月以降の株主総会から導入されることになった。これは，役員報酬が会社業績，株価等と無関係に高騰化したことを受け，株主（投資家）や労働者の会社に対する不信感が高まったことを背景とする。また，経営者報酬の意思決定プロセスに株主が関与する機会を設けることによって，経営者が自分自身の報酬を勝手に決めることが無いように牽制しようとの趣旨に基づくものである。

もっとも，米国や多く欧州諸国のSay on Pay制度の下では，株主の投票結果が役員を拘束することまでは認められていない。つまり，いかに多くの株主が役員報酬に反対していようとも，役員は思い通りの報酬を受け取ることが可能である。拘束力の無い投票の結果で示された株主の要望に従うか否かは，役員自身が決めるべきこととされている。

　とはいえ，Say on Pay投票でNoを突きつけられたにもかかわらず役員報酬を変更しないという選択をすることはなかなか困難であろう。役員の報酬の内容が否決されれば，株主や世間から注目を集めることになる。当然，次の報酬委員会のメンバー選定等にも影響が生じるだろう。そう考えると，Say on Payに拘束力が無いとはいえ，実際上はある程度の抑止力があるといえるだろう。

　では，Say on Pay投票によって株主からNoを突きつけられた企業はどの程度あるのか。Semler Brossey Consulting Group, LLCが実施したRussell 3000銘柄を対象とした調査報告によると9月3日の時点で2012年中のsay on pay投票において2,025社のうち2.6％が株主総会において否決されている。換言すれば，97.4％という大多数の企業が株主総会の承認を得たという結果になっている。

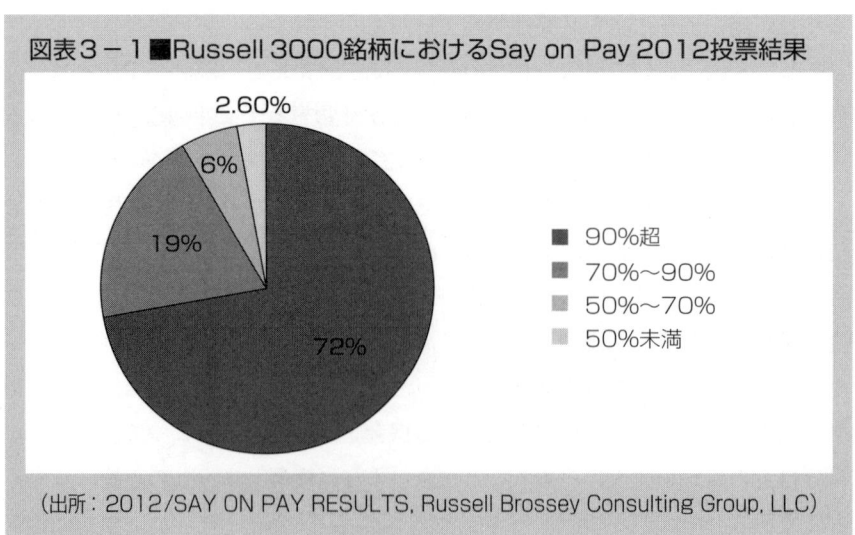

図表3－1■Russell 3000銘柄におけるSay on Pay 2012投票結果

（出所：2012/SAY ON PAY RESULTS, Russell Brossey Consulting Group, LLC）

中でも注目を浴びたのがシティ・グループの経営幹部報酬である。シティ・グループの株主は2012年4月の株主総会で経営幹部報酬を否決している。これは，米国の6大銀行において初めてのケースである。

また，米国におけるディスクロージャーに目を向けると，金融規制改革法は，以下について規制を強化している。

先ず，①業績連動性，②報酬格差，③変動報酬に対するリスクヘッジ等に関する情報の委任状への開示である。①は，会社の業績と実際に支給された役員報酬との関係に関する情報，②は，従業員の報酬の中央値，ＣＥＯの年間報酬総額および後者の前者に対する比率に関する情報，③は，役員および従業員が自らが保有する自社株のリスクヘッジを目的とした金融商品の購入の可否，その状況に関する情報である。

次に，これは金融機関を対象とするものであるが，クローバック（clawback）条項の策定を求めている。これは，現在の役員だけでなく既に退任した役員をも対象とするもので，重大なコンプライアンス違反により会計処理の訂正が発生した場合，誤った会計数値に基づいて支払われたインセンティブ報酬（ストックオプションも含む）について，当該修正から遡って3年間にわたって回収（claw back）させるものである。

さらに，金融規制改革法は，コーポレート・ガバナンスの強化の視点から，報酬委員会によるアドバイザーへの業務委託に関して規制等を加えている。例えば，利用するアドバイザーが企業から独立した地位にあるかどうか，アドバイザーの採用権限を報酬委員会のみに認めるべきこと等々である。

役員報酬については上記にみられるように多くの問題が存在することから，米国においては役員報酬が商法学者の主要な研究テーマの1つとして位置付けられている。

## 2 日本の役員報酬とこれを取り巻く環境

　ご承知のとおり，日本においては役員報酬の水準は米国よりかなり低く，米国のように役員報酬が高報酬だとして批判を受けるケースは多くはない。ゆえに，米国のSay on Payのような仕組みの必要性は相対的に低く，そもそも，形式は違うものの実質的には日本では（役員報酬について株主総会決議が要求されていることから）既に「法的強制力のあるSay on Pay」が実施されているという表現も可能であろう。この点につき，米国の商法学者から日本の役員報酬に対する株主によるコントロール（役員報酬が株主総会の決議事項とされている点）を評価する声も上がっているようである。ただし，このコメントは，リップ・サービスという面も否めない。安定株主の存在に安住し，株主による適正なガバナンスが効いていない日系企業が依然として少なからず存在しているからである。

　また，グローバル化の加速に伴い，役員のグローバル化，さらには，役員報酬のグローバル化が求められる。グローバル化が進むと役員に求められる役割，能力が大きく変化する。国内だけでなくグローバルでの対応力まで備えた人材は決して多いとはいえず，こういった優秀な経営者を外部から，例えば，海外，あるいは外資系企業から登用するとなるとそれなりの報酬を払わなければならなくなる。そうなると，役員報酬の水準が高くなるのは必然ともいえそうである。しかし，日本では役員が高額報酬を得るという文化的背景が無く，また，株主によるコントロールも一応は及んでおり，米国で問題となっているような極端な高額報酬が発生する可能性は余り高くないと思われる。

　ディスクロージャーについては，2010年3月31日に公布された改正内閣府令が上場企業に対して連結報酬が1億円以上の者について個別開示を要求する等，ディスクロージャーの要求が強まっている。米国ほどディスクロージャーが進んでいないといえるが，ディスクロージャーの必要性が異なるので単純に比較して日本のディスクロージャーが遅れているとまではいえないだろう。ただし，

ディスクロージャーを強化すること自体は投資家にとって良いことであるのは間違いない。また，ある程度の高額化が進むのであればそれに伴ってディスクロージャーの必要性が高まり，これに対応して規制が強化されるべきなのは当然である。

# CHAPTER 4 役員報酬の現状と課題

## 1 役員報酬の現状

　役員報酬の水準に目を向けると、大企業では過去10年間で役員報酬の水準は全体として横ばい、ないしは、若干上昇の傾向にある。より具体的には、社長、専務等の上位の役位の報酬水準についてはやや上昇傾向、そして、平取締役や監査役についてはほぼ横ばいである。これに対して、中堅企業では、全体として若干下がっている傾向にある。これは、中堅企業については景気動向の影響を直接的に受けやすいこと、一方、大企業については、退職慰労金が廃止され、退職慰労金の将来分相当が固定報酬に加算されたことに起因すると考えられる。

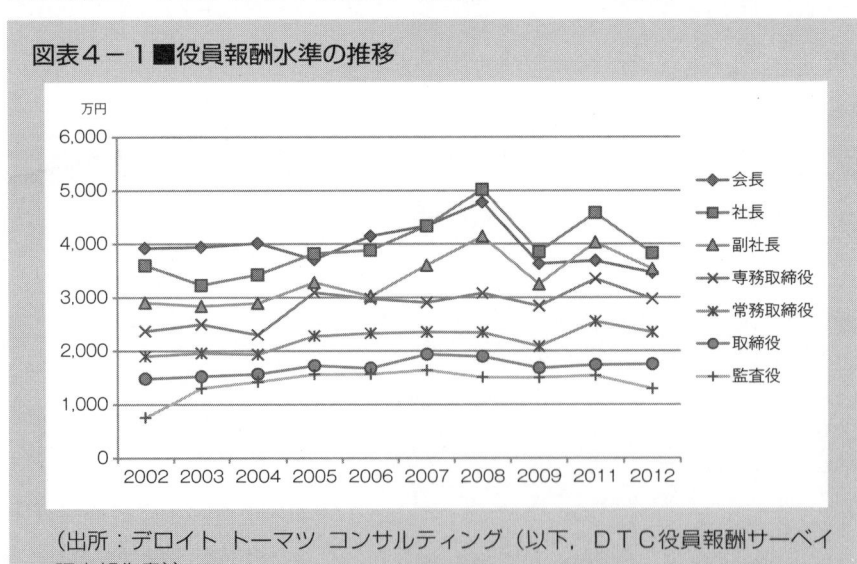

図表4-1■役員報酬水準の推移

(出所：デロイト トーマツ コンサルティング（以下、ＤＴＣ役員報酬サーベイ調査報告書))
(注)　2010年度については、DTC役員報酬サーベイを実施していない。

グローバル化の流れの加速化，さらには，役員の役割の高度化，リスクの高まりを考慮すると，本来的には役員報酬の水準はある程度上昇すべきともいえる。とはいえ，日本経済は2008年9月のリーマンショックから立ち直りかけていたところに，2011年3月11日の東日本大震災に見舞われ，さらに，欧州経済の低迷が追い討ちをかけたため，近い将来役員報酬の水準が上昇するのかどうかは見えてこない状況にある。ただ，自民党の安倍政権になってからは円安傾向，株価の上昇傾向が続いており，これが継続すれば上昇傾向が顕著になるかもしれない。

　役員報酬の構成要素としては，年俸（月例報酬），賞与，ストックオプションを典型とする中長期インセンティブ，退職慰労金が中心である。賞与については，従来と比較して損金不算入型の決算賞与のウェイトが増えている。中でもストックオプションには一定のトレンドが見られる。平成17年の会社法の施行に伴い会計上の費用認識が強制されたことを受け，ストックオプションの費用を軽減すべく権利行使期間を短縮化する傾向がその1つである。ただし，金融機関については，金融安定理事会の「健全な報酬慣行に関する原則」に照らして3年以上に設定する傾向が見られる。

　権利行使制限については，一定期間経過後に一斉に制限を解除する形式（cliff vesting）だけではなく，段階的に解除する形式（pro-rata vesting）も増えつつある。

　役員退職慰労金については投資家の動向を受け，廃止の傾向が強まっており，役員退職慰労金を存置している企業は少数派となっている。役員退職慰労金を廃止した場合のその将来分の代替手段として株式報酬型ストックオプションを導入するケースは大企業を中心にかなり増えている。

　さらに，構成比率を見ると，全体としては，短期インセンティブ（賞与），中長期インセンティブの比重が増えつつある。

# 2 役員報酬制度の一般的な課題

## (1) 課題抽出の視点

　役員報酬を改革するにあたっては，先ず，現行役員報酬の現状を把握するとともにその課題を抽出する必要がある。そして，課題を抽出するためには当然，一定の視点が不可欠である。そこで，以下，役員報酬の課題を抽出するにあたって有益と考えられる視点をご紹介したい。主要なものとしては，やはり，①戦略性，②コーポレート・ガバナンス，③税務，④他社動向，および，⑤人材マネジメント（役員の動機付け）の視点が挙げられよう。もちろん，会計，関係法令その他の視点も重要ではあるが役員報酬改革における課題抽出との関係では重要性はさほど高くない。

**図表4－2■役員報酬の課題を抽出するための視点**

| | |
|---|---|
| ① | 戦略性 |
| ② | コーポレート・ガバナンス |
| ③ | 税務 |
| ④ | 他社動向 |
| ⑤ | 人材マネジメント（役員の動機付け） |

　先ず，①の戦略性の視点だが，役員報酬が経営戦略等の方向性と一致しているかどうかについての判断である。役員報酬は経営戦略を担保するものでなければならず，役員報酬戦略や方針と整合するものでなければならない。これは，すなわち，あるべき役員を獲得し，繋ぎ止め，さらに動機付けることを可能ならしめる役員報酬制度を指す。例えば，外部から優秀な役員を登用するためにはそれなりの報酬を用意しておかなければならない。また，役員は経営サイドにいるものの人間である。つまり，人間である以上，役員報酬（含む業績評価）は役員のやる気を引き出すものでなければならない。さらに，役員にとっての動機付けの仕組みとしては，会社業績，株主利益を最大化させるものでな

ければならない。会社として「あるべき役員」とはどのような人材で，どのような人材を役員に登用すべきか，いかにして役員を育成し（役員候補が主たる対象となろう），さらに評価し，処遇するのかは重要な問題である。

②のガバナンスの視点だが，そもそもコーポレート・ガバナンスが何のために存在するかについては，一般に，企業の「不祥事の防止」，および，企業の「収益力の強化」の2点に集約されている。そして，役員報酬改革との関係では，特に，後者の収益力の強化がポイントとなり，「株主利益の重視」，および，役員報酬の「業績連動性」が導かれる。つまり，中長期的な視点から株主利益を重視した仕組みになっているか，また，業績連動性が強い仕組み（儲かれば払う，儲からなければ払わない）になっているかどうかが，②のガバナンスの視点ということになる。また，エージェンシー問題（委託者と代理人・受託者の利益が必ずしも一致しないという問題）を解消するための方法の模索（株主の利益と役員の利益を一致させること）もここでの問題といえよう。

③の税務の視点だが，税務といっても領域は広く，例えば，委任型の執行役員がみなし役員に該当するのかどうかといった論点から過大報酬に該当するかどうかといった点に至るまで種々のものがある。しかし，役員報酬改革との関係では，個人所得税法・地方税法上のメリットや法人税法上の損金算入の可否がポイントとなる。例えば，前者の個人所得税でいえば，退職所得を取れるかどうか，ストックオプションで税制適格を取れるかといった点が課題抽出にあたって重要となる。他方，後者の法人税でいえば，どのような支給方法を用いれば報酬を損金として算入できるのかといった点が重要となる。

④の他社動向の視点は，世間一般の動向と各企業の属する業界の動向を意味する。各社とも経営戦略，報酬戦略は異なり，他社の動向を意識することは必ずしも本質的ではない。しかし，他社動向に反する行動を取るためにはそれなりの合理性が必要であり，株主に対してそれなりの説明が求められることになる。そういった意味でも他社動向と自社の報酬との乖離は常に把握しておく必要がある。例えば，退職慰労金制度について見ると，これを必ずしも廃止する必要は無い。しかし，上場企業の8割弱が廃止している中，これを存置させる

には株主等に対してそれなりの説明が必要となることは当然であろう。

⑤の人材マネジメントの視点とは，役員の「やる気」を引き出す仕組みになっているかどうかを意味する。役員といえどもいかなる状況でもモチベーションに満ち溢れているとは限らず，役員の動機付けに資するような制度設計が重要であり，そのような制度になっていない場合には十分に役員のやる気を引き出せない可能性がある。

以下，上記5つの視点から役員報酬の課題を抽出する。

## (2) 役員報酬制度と課題
### イ）役員報酬戦略

先ず，役員報酬戦略について企業はどのような状況にあるのか。

近時，数十社の上場企業に対して役員報酬戦略についてヒアリングしたが，その結果を見ても，ほとんどの企業が役員報酬戦略を構築していないと回答している。確かに，大部分の企業が2010年3月31日に公布・施行された改正内閣府令を受け，有価証券報告書に役員報酬の方針を記載している。しかし，その多くは，役員報酬の概要を記載しているにすぎず，社内で入念に役員報酬戦略を策定した証左とはならない。

しかし，上述の役員報酬における戦略性の重要性に鑑みれば，役員報酬戦略の欠如は企業の成長性を阻害するものとなりかねない。これは最も重要と考えられる株主の視点，すなわち，株主にとって最適な役員報酬となっているかどうかに反する。株主の利益と役員の利益が一致するような建付けになっているか，短期的な業績だけでなく持続的な競争優位性を担保する仕掛けになっているか，といった視点から役員報酬を構築すべきところ，そのためには，あるべき役員像を明確化し，これらの役員を獲得し，繋ぎ止めることを可能ならしめる役員報酬戦略の構築が望まれる。

確かに，中には役員報酬戦略が策定されている企業もある。例えば，「実力主義」「成果主義」とこれらに対応した業績連動型賞与の支給を方針として掲げているケースである。しかし，これだけでは戦略性を欠くといわざるを得な

い。外部環境の把握，経営戦略の把握，キーとなる役員ポストの特定，あるべき役員像の明確化を経た報酬戦略でなければ他社との競争優位性を持続することは困難であろう。戦略なくして優れた役員報酬制度を構築することはできないのである。

#### ロ）役員報酬の構成要素

企業によって役員報酬の構成要素は異なる。そのため，ここではおよそ一般的な役員報酬制度を想定し，上記の視点から課題を抽出するという方法を採用する。また，役員報酬の中でも取締役の報酬を想定しつつ検討する。

先ず，役員報酬がどのような要素から構成されているのかを見ていく。

一般的には，取締役の報酬は，①年俸，②（広義の）業績連動型報酬，および，③役員退職慰労金によって構成される。

①の年俸部分については，役位別に報酬水準を設定するのが通常で，さらに，役位別に一定の固定額を支給するケースと，役位別に一定のレンジ（報酬の幅）を設けてその範囲内で支給するケースがある。前者は業績評価の結果にかかわらず同じ役位であれば同じ額を支給し，後者は業績評価結果に応じてレンジ内で額を変動させるものである。

②の業績連動部分は，短期インセンティブといわれる短期決済型のインセンティブ報酬（決済期間が1年以内）と中長期インセンティブ（決済期間が1年超10年未満とされるケースが多い）といわれる中長期決済型のインセンティブ報酬に分けられる。前者の短期インセンティブの典型が賞与であり，通常は当該事業年度の業績結果に対応して（つまり，1年で決済される）支給されるものである。後者の中長期インセンティブは，典型がストックオプションである。なお，中長期インセンティブには，例えば，ＲＳＵ（Restricted stock unit）といった，一定数のユニットを付与し，当初付与されたユニット数に業績結果に対応する株式ないし現金が支給されるスキームもあり，米国等では金融機関を中心としてかなり利用されているのに対して，日本では基本的に導入されていない。これは，譲渡制限付株式の付与については，信託口を用いる等の特殊なスキームを利用しない限り日本の会社法上の疑義が生じる可能性があるため

と考えられる。

③の役員退職慰労金については，既に上場企業の8割弱が廃止しており，かつ，廃止の傾向にあることから一般的な制度と言えるかは微妙ではあるが，依然として重要な制度と言っても良いだろう。

以上から，日本において一般的な役員報酬の種類は，以下のようにイメージ化することができる。

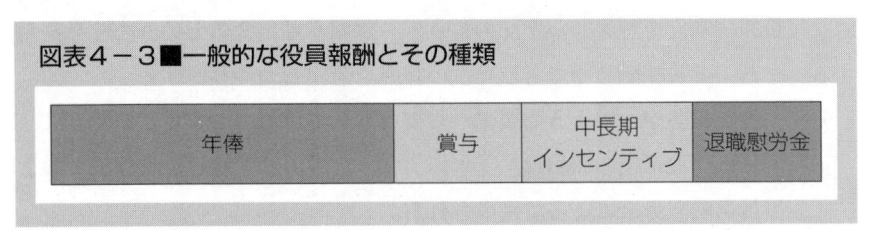

図表4－3■一般的な役員報酬とその種類

| 年俸 | 賞与 | 中長期インセンティブ | 退職慰労金 |

では，このような報酬制度にはどのような課題があるか。

先ず，後述のとおり役員退職慰労金については一般的には存置すること自体に問題があるケースが少なくない。

次に，業績連動型報酬の中でも中長期インセンティブの導入比率が低い点がガバナンス上問題であり，投資家，特に，海外の投資家から好感されない場合があると思われる。

ハ) 構成比率

先ず，役員報酬の構成比率の現状だが，上述のとおり，日本では年俸といった固定報酬の比率が高く，賞与や中長期インセンティブの比率が低い傾向にある。

あるべき役員像を明確化しそれに合致した役員が増えることを前提とすれば役員報酬の水準は欧米水準とまではいかなくとも少なくとも現状より高い水準が望ましいといえる。そうなると，固定報酬の比率を下げることが現実的となる。

戦略性の視点からは，固定報酬の比率が高いのは問題である。優秀な役員からすればどんなに会社に貢献しても大きな報酬を得ることができないし，他方，そうでない役員からすれば貢献が低くてもそれなりの報酬を得ることができる

ことになり，役員の動機付けに資するとはいえないからである。固定報酬の比率が高止まりすることは優秀な役員の退出を促し，そうでない役員を居座らせる方向で作用することになりかねない。

　ガバナンスの視点からは，儲かれば報酬が高くても構わないし，他方，儲かっていないのであれば報酬は低くあるべきであるから，必然的に変動報酬の比率を高めることが望ましいといえる。そして，特に，株式を長期保有する株主（投機株主ではなく投資株主）からすると役員には中長期の視野で経営して欲しいと考えることになり，中長期インセンティブの比率の増加が望まれることになる。

　人材マネジメントの視点からは，変動報酬の比率が小さいことは，ある程度リスクを取って経営しようとの動機付けを阻害する可能性があり問題である。実際一部の海外の投資家からは，日本の役員報酬は，リスクを取らない「事なかれ」経営を動機付ける方向で作用すると受け取られている。

二）年　　　俸

　年俸については，役位別に一定の固定額を支給するケース（固定方式）と，役位別に一定のレンジ（報酬の幅）を設けてその範囲内で支給するケース（レンジ方式）があるが，それぞれについてどのような課題があるのか。

　先ず，固定方式であるが，これは一定の役位，例えば，専務や常務についてそれぞれ複数の該当者が存在したとしても，同じ役位である以上，全員，同じ固定年俸を支給する方式である。同じ役位であれば同じ役割・責任が課されるという前提の下，同じ役割・責任である以上は同じ報酬を支給することが内部公平性に資するという考えに基づく。もっとも，同じ役割・責任が与えられたとしても個々の取締役毎に結果的に業績が異なるわけで，その場合にも同じ報酬でよいのか，これはガバナンスの要請に反するのではないかという疑問もあるが，賞与その他のインセンティブ報酬の支給額に差をつけることによって解消されることが可能となる。

　よって，インセンティブ報酬の仕組みが一切存在しない，あるいは，存在するものの会社の業績不振によってインセンティブ報酬が支給されない，といっ

た例外的なケースを除き，固定方式が必ずしもガバナンスの要請には反することにはならないだろう。

　固定方式の最大の問題は，役位ごとの金額が固定的なため柔軟性に欠ける点にある。役員が内部昇格者だけで構成されているのであれば問題は生じにくいが外部から登用することになるとその役員の他社での報酬水準と自社の水準が必ずしも一致せず，当該役員の報酬水準が自社の水準より高い場合には例外的な措置を取らざるを得なくなるからである。外部から登用する人材が増えると例外だらけという結果となり説明がつきにくくなる。

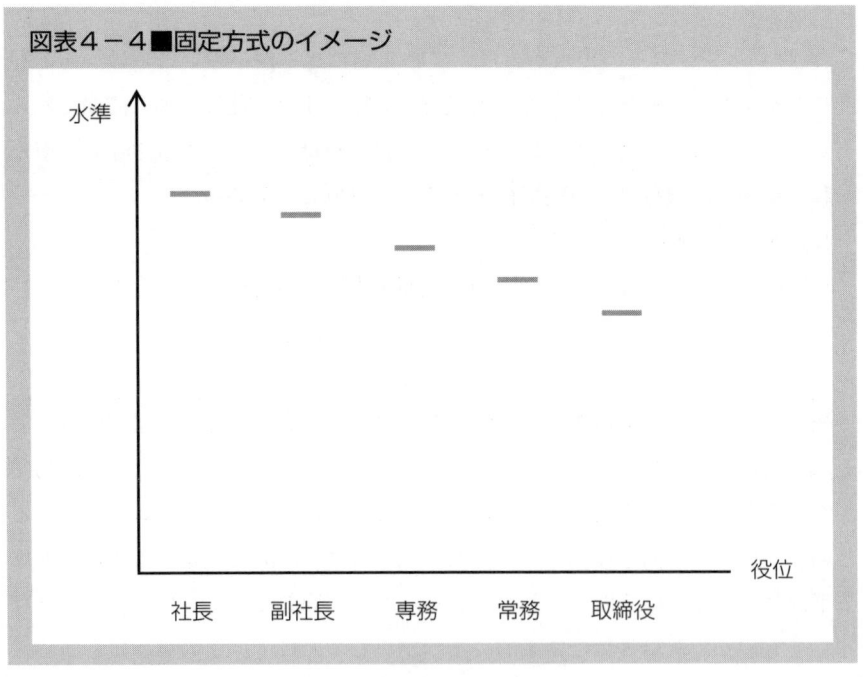

**図表４－４■固定方式のイメージ**

　次に，レンジ方式であるが，取締役個人の業績如何によっては同じ役位であろうとも報酬額に差がつくわけであるから，一見するとガバナンスの要請に合致している。また，レンジ方式の年俸は通常12分割して支給されるので定期同額給与として税法上損金算入が認められる。つまり，業績連動というガバナンスの要請を充足しつつ税法上のメリットを取ることも可能となる。

しかし，本方式によれば前期の業績を基準として当期の取締役の年俸をある程度変動させるのが通常で，これによって費用収益の非対応（いわゆる期ズレ）が生じることになり，これは，ガバナンスの趣旨に合致するとは言い難い。この点が，本方式の難点といえる。

また，難点までとはいえないものの，本方式では，レンジの幅をどの程度に設定するかが重要な検討課題となる。

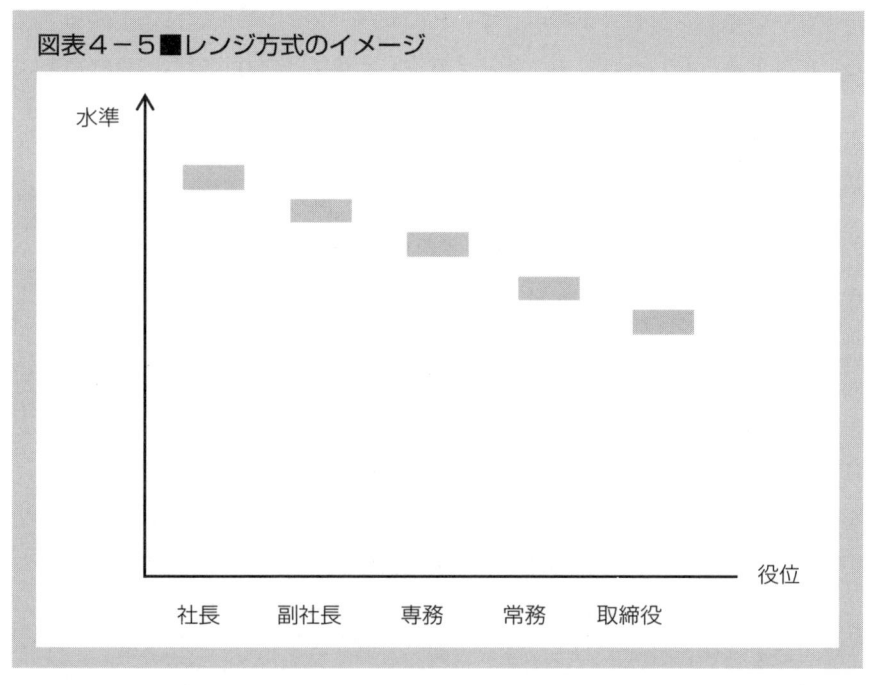

**図表4-5■レンジ方式のイメージ**

（縦軸：水準，横軸：役位　社長・副社長・専務・常務・取締役）

**ホ）賞　　与**

短期インセンティブの典型は賞与である。従業員の場合には，算定基礎となる期間が1年とされるケースもあるが，半年の業績に対応する形で支給されることが多い。これに対して，役員の場合は使用人兼務取締役の使用人分は別として，1年間の業績に対応して支給されることが多い。これは，平成17年11月の会社法改正以前は役員賞与が利益処分として取り扱われていたという沿革的な理由と，役員が当期（1年間）の収益に対して責任を持つべきであるとの理

由に基づくと思われる。

　賞与については、大きく、業績連動性の欠如と損金算入の可否といったそれぞれガバナンスおよび税務の視点から課題が見られる。

　先ず、業績連動性の点であるが、そもそも賞与の仕組みが無い企業も少なくない。統計上は、4割弱の上場企業が賞与の仕組みを導入していない。これは、業績連動性を放棄している点でコーポレート・ガバナンス上問題がある。仮に、年俸についてレンジ方式を採用していればガバナンス上の問題は若干緩和される可能性もあるが、それでも、レンジ方式だと賞与との対比では、報酬額を大きく変動させることは困難である。また、仮に業績連動性が高かったとしても、レンジ方式に対する上記の批判は免れないであろう。

　また、既に賞与を導入している企業の中には、賞与額を決定するにあたってどのような業績指標を用い、それをどの程度達成するといくら支給されるのか、が不明確なものも少なくなく、ガバナンス上問題がある。業績指標が不明確ということは役員に対する動機付けの仕組みとして不十分であり、戦略上も問題がある。そして、このような企業の中には、従業員との関係では業績評価指標を明確にしているところも少なくない。つまり、少なくとも仕組みの上では、従業員には何らかの業績指標への動機付けを求めていながら役員にはこれを求めていないわけである。戦略性およびガバナンスの欠如と言わざるを得ない。これに対して、役員報酬について業績指標が一応明確になっているものの中期経営計画上重視している業績指標と異なる業績指標を用いているケースもある。これも戦略性やガバナンスの欠如と言わざるを得ないであろう。

　次に損金算入の点であるが、そもそも、賞与については損金算入すれば良いというものでもない。大きく稼ぎ、ここから税金を支払うのは税務当局としては大歓迎だろうし、納税者はこれに賛同するだろう。とはいえ、払わなくても良い税金を払うことに対して経理・財務部が懐疑的であることは少なくない。

　何を言いたいのかというと、企業の中には役員の賞与は損金不算入なので、「損金不算入でも仕方が無い。」とか「税金を払いたくないから賞与は支給しない。」という考えをもっている企業もあり、この点が問題だということであ

る。つまり，賞与の中にも損金算入を取れる仕組みもあるところ，これらの導入の可否を自社の戦略に照らして入念に検討し，その上で，損金不算入（あるいは算入）という結論を出すべきである。具体的には，後述の利益連動給与や事前確定届出給与の採用の是非についてきちんと検討していない企業はこれらについて一度入念に検討することが望まれる。

### ヘ）中長期インセンティブ

　中長期インセンティブは決済期間が通常3年から10年程度に設定されているインセンティブ報酬である（1年超から3年未満を決済期間とするインセンティブ報酬も一応ここに含まれることになる。）。

　中長期インセンティブと短期インセンティブの大きな違いは，短期インセンティブが過去の貢献に対して支給するものであるのに対して，中長期インセンティブが将来の貢献に対して（事前に）支給されることが多いという点である。例えば，賞与であれば，当期（4月1日から翌年の3月末日）の業績結果に対して一定額が支給されることになる。これに対して，例えば，ストックオプションであれば，先ず，一定個数の新株予約権が割り当てられ，将来の株価の上昇に対応してキャピタル・ゲインが得られることになる。割当ての時点に着目すれば，将来の貢献に対して利益が還元されるということが言えるわけである。もっとも，付与数を決めるにあたって過去の業績を考慮する例もあり，このような例においては，将来の貢献と過去の貢献の両方が考慮されることになる。

　この中長期インセンティブには後述のとおり種々のスキームがあるが，日本で最も導入事例が多いのがストックオプションである。それは，主として，上場企業であれば導入への障壁が少ないことと，実際のキャッシュ・アウトを伴わない設計が可能だからである。

　中長期インセンティブは会社業績と連動する設計であれば業績連動型報酬の範疇に含まれるし，仮に，株式を用いたとしても株価は基本的には会社業績に対応し（必ずしもそうでないケースも少なくない。），両者にはある程度相関があり（財務状況が悪化すれば株価が下落することはほぼ間違いないであろう。），

広義の業績連動型報酬に含めることができる。そういった意味でガバナンス上好意的に受け取られることが多い。また，短期決済型の報酬に対する株主からの批判が高まる中，中長期インセンティブの重要性は米国においてより高まる傾向にあり，これは日本にもあてはまると考えられる。特に，株式連動型報酬については，投資家と役員の利害を一致させる効果があることから株式の保有は投資家の視点から好ましいとえる。この点，欧米においては（近時は日本においても）多くの企業が株式保有ガイドラインを策定し，役員に対して一定の株式保有を義務付けており，株式連動型報酬を重視する姿勢が見て取れる。余談であるが，欧米の金融機関では，金融危機後の短期決済型の報酬に対する批判を受けて，deferred compensationの比率を高めている。具体的には，賞与について，一定金額（15万ドル等）を超える部分は，報酬を3年間に渡って繰り延べた上に，株式で支払うケースが多くなっている。

なお，日本取締役協会のディスクロージャー委員会による経営者報酬ガイドラインも株式連動型報酬の導入に肯定的である。

よって，現時点で中長期インセンティブを導入していない企業については，適正な報酬の構成比率を検討し，中長期インセンティブの適正な比率を決定すべきことになる。そして，中長期インセンティブの種々のスキームを比較検討の上，導入の是非を検討することが望まれる。また，スキームを選択した際には，上述の4つの視点から自社に最適な詳細設計をすることが不可欠となろう。

既に，中長期インセンティブを導入している企業についてもその構成比率については多分に見直す余地があるし，設計内容についても同様である。

中長期インセンティブの種類，設計方法その他の詳細については，後述する。

### ト）役員退職慰労金

役員退職慰労金は従業員の退職金に対応するもので，従業員の退職金と同様，退職所得として扱われるというメリットがある。ただし，従業員と異なり，額が不相当に過大な場合には，法人税法上損金不算入として扱われる可能性がある点が異なる。また，平成24年度の税制改正によって，平成25年1月1日以降に支給される退職慰労金について在任期間如何によってはそのメリットが縮小

することがある。すなわち，役員等としての勤続年数が5年以下の役員退職手当等に係る退職所得の課税方法について，退職所得控除をした残額の2分の1とする措置が廃止されることになる。

　役員退職慰労金の存廃の是非等については種々の議論があるが，この点は役員報酬改革の前提となることから，現時点で退職慰労金を存置させている企業にとっては検討の重要性が高く，独立の章（CHAPTER 5）を割いて詳述することとする。

### チ）報酬水準

　報酬水準に係る課題としては，役員と従業員との間に逆転現象が生じていたり，役位間の水準のバランスが悪いといった課題を抱える企業もある。また，報酬水準の妥当性の検証を実施したことがないという企業や検証をしたことがあるが，定期的には実施していないというケースも挙げられる。

　人材マネジメントの視点に照らすと他社水準を勘案し，適宜，水準を検証し，必要があれば見直すという作業が必要であろう。現時点では，競合他社に役員をどんどん引き抜かれてしまうという日系企業は少ないが，グローバル化の進展とともにグローバル人材が引き抜かれるケースや，報酬水準がネックとなって他社から欲しい人材が獲得できない，といったケースも近い将来頻繁に起きる可能性もある。

### リ）その他の周辺的な課題

　以上，役員「報酬」に関する課題を見てきたが，射程を広げると他にも役員報酬（さらには役員制度）を取り巻く周辺的な課題は存在する。

　1つ目が，執行役員制度である。執行役員について委任型（会社と執行役員との間の契約関係が雇用契約ではなく委任契約に基づく場合）を採用し，かつ，税法上みなし役員に該当する場合には，執行役員報酬を役員報酬に含めることに異論は少ないだろう。しかし，雇用型を採用する場合のようにみなし役員に含まれない場合には，これを役員報酬の範疇に含めるべきかどうかについては異論があろう。

　とはいえ，近時の執行役員制度は取締役制度とかなり密接な関連があり，執

行役員報酬を役員報酬の検討対象から外すことにはかなりの抵抗感がある。最近よく見られるのが，取締役については代表権の有無を除いて役位を設けないものの，執行役員には役位を設け，役付執行役員は取締役を兼務するという体制である。このような体制を導入すると，執行役員としての報酬と取締役としての報酬を分離して考えることは困難，かつ，妥当ではなく，一体的な検討が望ましい。このように執行役員報酬も役員報酬の一種として検討することが適切といえるので，執行役員報酬については別途詳述する（CHAPTER 10）。

　2つ目に，役員報酬そのものとは直接的な関連性は薄いが役員の任用，選抜，育成の問題がある。内部から任用するにせよ，外部から登用するにせよどのような役員を任用すべきかは会社の命運を左右する問題である。そのためには，あるべき役員像を明確化し，それに合致する人材を任用できる体制を構築しておく必要がある。例えば，内部から任用する場合には，役員候補を選抜し，育成し，その上で後任者を決定するというプロセスが有効と考えられるが，そのためにもあるべき役員像が指針となる。

　第3に，役員の定年の問題がある。役員の定年は年功的な報酬制度を導入していない限りは報酬とは直接的な関係は無いはずである。しかし，実際には，間接的に関連性がある。日本では上場企業の約6割の企業が役員の定年を設けており（ただし，定年制度を設けているとしている企業の中には一定の役位にだけ定年を設定している企業が含まれていること，さらに，定年制度は無いものの最高在任年数を設定している企業も存在する点に注意を要する。），実際，定年まで再任され続けるケースが少なくない。つまり，余程の業績不振等でも無い限り解任されないケースが多く，身分保障の点では（欧米との対比で）かなりローリスクといえる。そうすると，役員報酬の水準を設定するにあたっては定年を考慮することも重要になってくる。例えば，A社は役付役員の定年が63歳で，B社は役付役員の定年が67歳だとする。報酬は各役位でA社の方が100万円程度高い。この前提の下，両社において役員が基本的に定年まで在任できるとしたら，一見するとA社の方が報酬が高いように見えるものの，実際にはB社の方が役員としての生涯年収が高いのは明らかである。

そもそも，取締役にはある程度リスクを取って株式価値を最大化することが課されており，そういった能力が備わった人材でなければ取締役にはふさわしくない。つまり，それができなければ株主から退場を命じられることになるし，株式価値の最大化ができる人材であれば年齢とは無関係に会社の経営陣として残ることが認められるべきである。とすれば定年制度は取締役の本質にそぐわないようにも見える。しかし，定年を廃止するということは，業績が低くても首にならない役員がいつまでも居残るというリスクを生じさせることに繋がりかねない。先輩の退職をなかなか勧奨できない文化的背景がある日本においては定年の廃止はなじみやすいとはいえないだろう。そこで，「業績不振の役員を再任させない」という戦略を採用するのであれば，そのための再任基準を明確にする必要がある。また，再任基準が厳しいということは役員のリスクが高くなるということなのでそれなりに報酬水準を高くしなければ不均衡である。その結果，役員報酬の総額が高くなることになり株主へのしっかりとした説明が求められることになる。

図表4－6■定年制を導入している企業における役位別定年年齢

| 役 位 | 平均年齢 | 最高年齢 | 最低年齢 |
|---|---|---|---|
| 会長 | 68.9 | 85 | 60 |
| 社長 | 66.6 | 80 | 60 |
| 専務 | 64.0 | 70 | 60 |
| 常務 | 63.3 | 70 | 58 |
| 取締役 | 62.1 | 65 | 56 |
| 社外取締役 | 66.8 | 75 | 60 |
| 常勤監査役 | 64.8 | 75 | 60 |
| 非常勤監査役 | 67.5 | 80 | 60 |
| 執行役員 | 61.6 | 65 | 58 |

（注）　会長，社長，専務，常務には，取締役だけではなく，これらの肩書が付されている執行役員も含まれている。
（出所：ＤＴＣ役員報酬サーベイ2012調査報告書）

以上，日本における役員報酬の一般的な課題について検討してきたが，これらを整理すると以下のとおりである。

### 図表4－7■役員報酬制度の日本における一般的な課題

| | |
|---|---|
| 役員報酬戦略 | 役員報酬戦略の不存在，不備 |
| 構成要素 | 役員退職慰労金の存廃，中長期インセンティブの不存在 |
| 構成比率 | 変動比率が低い，インセンティブの構成比率，特に，中長期インセンティブの比率が小さい |
| 年俸 | 固定方式とレンジ方式の適合性についての検討の欠如 |
| 報酬水準 | 報酬水準の妥当性の検証の欠如 |
| 賞与 | 業績連動性の欠如，損金算入スキームの検討の欠如 |
| 中長期インセンティブ | 構成比率が小さい，設計方法に工夫が無い |
| 役員退職慰労金 | 見直しの検討の欠如 |
| その他 | 執行役員報酬制度との整合性の検討の欠如，あるべき役員像の欠如 |

　続いて，「役員退職慰労金の存廃の是非」，さらには，「役員退職慰労金を廃止する場合の方法」について検討するが，本テーマに関心の無い読者の方々については，CHAPTER 7の「役員報酬の改革・見直し」に移動していただきたい。

# CHAPTER 5　役員退職慰労金の存廃の是非

## 1　役員報酬改革と役員退職慰労金の関係

　役員報酬制度の課題について論じた後に，なぜここで役員退職慰労金について論じるのか付言したい。それは，役員退職慰労金の存廃の検討が役員報酬改革の前提となることが多いからである。役員退職慰労金を廃止したとしても，単に廃止して何も手を打たないケースは少なく，何らかの形でそれに代わるものを残すのが通常だからである。

　既に役員退職慰労金を廃止している企業については退職慰労金について検討する必要性は低いが，これを依然として存置させている企業については，役員報酬改革に先立って先ずは役員退職慰労金を存置させるのか廃止させるのかを決定することが望ましい。仮に廃止することになると，これによって役員報酬制度が大きく影響を受けることになるからである。

## 2　役員退職慰労金の仕組み

　先ず，役員退職慰労金については法律上導入が強制されておらず，任意の制度である。そのため，役員退職慰労金をどのように設計すべきかについては，特に縛りは無い。そのため退職慰労金の仕組みには種々のものがある。例えば，伝統的な従業員の退職金と類似するものとして，退任時の月額報酬に在任年数に対応した一定の乗率を掛けるものがある。そして，最も多く採用されている仕組みが，役位別の算定報酬（例えば，当該役位在任時の最高月例報酬）に在任年数と一定の乗率を掛けるものである。

**図表5−1■役員退職慰労金の算定方式の例**

∑ （各役位別算定報酬×在任年数×役位係数）

| 役位 | 標準月例報酬<br>(単位：万円) | 役位係数 |
|---|---|---|
| 代表取締役社長 | 300 | 2.0 |
| 専務取締役 | 210 | 1.4 |
| 常務取締役 | 180 | 1.2 |
| 取締役 | 150 | 1.0 |
| 監査役 | 140 | 0.8 |

上記算定方法に従えば，例えば，取締役として4年，常務取締役として2年，専務取締役として2年，代表取締役社長として4年在任した役員については，以下の額が支給されることになる。

150（標準月例報酬）×4（在任年数）×1（役位係数）+180×2×1.2
+210×2×1.4+300×4×2＝4,020万円

そして，多くの企業において，功労加算についての定めがなされている。例えば，退職慰労金の額の30％相当額を超えない範囲で功労加算ができるといった定めである。

逆に，会社業績が不振な場合等の特別減額に関する規定も多くの企業で見られる。

# 3 役員退職慰労金の支給要件

退職慰労金とは，通常，取締役の会社に対する特別な功労に報いるために，退任時に一時金として支払われる金銭である。これは，法的には，取締役の在職中の職務執行の対価であり，（経済的な意味での）報酬の後払いと考えられ，その結果，退職慰労金も会社法361条の「報酬」に含まれることになる。この

点，判例も報酬に含まれるとしている（最判昭和39年12月11日民集18巻10号2143頁）。そのため，退職慰労金の支給に関する定款の定めがあるか，株主総会の決議がなければ具体的な報酬請求権が発生せず，会社に対して退職慰労金を請求することはできない。もっとも，取締役の通常の報酬と異なり退職慰労金の場合には取締役1人が退任するということも考えられ，取締役の報酬の総額を株主総会で決議するという方法を採用すると当該退任取締役の退職慰労金の額が開示され，通常の報酬の場合に個人の額を明示しない扱いとしていることとの均衡を欠くとともに，受給者のプライバシー権の保護に欠ける事態が生じ得る。そこで，退職慰労金決議が無条件に取締役会に一任する趣旨ではなく，会社の業績，退任取締役の勤続年数，担当業務，功績の軽重等から割り出した一定の基準に従って退職慰労金を決定する方法が慣例となっており，この慣例によって定める趣旨でなされた株主総会決議は有効とされる（前掲最判昭和39年12月11日）。要は，一定の基準の下，株主総会において，退任取締役に対する退職慰労金の支給について取締役会に一任する旨の決議を行うことも許容されている。

## 4 役員退職慰労金制度が導入された背景

　従業員が役員に就任すると，従業員を対象とした退職金制度の対象外となるのが通常である。そうなると，役員に就任すると退任後の生活に対する保障が手薄になってしまう。しかも，退職所得という大きなメリットも失われることになる。一方，役員になったからといって必ずしも報酬がハネ上がるわけでもない。そこで，従業員との均衡を取りつつ，従業員の退職金制度に代わるものとして役員退職慰労金制度が導入された。

## 5 役員退職慰労金のメリット

　先ず，税務の視点からのメリットであるが，役員退職慰労金については，金

額が過大でない限り，法人税法上損金として算入できる点が挙げられる。

また，個人所得税法上は退職所得として扱われるため給与所得との対比においてかなりの節税効果がある。通常の給与所得として扱われる場合には課税対象額に累進課税率を乗じた額が課税されるのに対して，退職所得の場合には，この退職金の所得税は，その年の退職金の収入金額から，その人の勤続年数に応じて計算した退職所得控除額を差し引いた残りの2分の1の金額について他の所得と分離して累進課税率を乗じた額が課税されることになる。

> 退職所得の金額＝（収入金額－退職所得控除額）×1／2

もっとも，役員がこの制度を利用して短期間に転職を繰り返し退職金を何回ももらうという節税方法が一部の企業において行われていたため，平成24年税制改正において，短期に支払を受ける退職金のうち，役員等に対して支払われるものについて規制がかけられることになった。そのため，任期が5年以下で退任する役員については2分の1課税というメリットが無くなり，節税効果が相対的に小さくなる。また，本改正と併せて地方税法も改正され，退職所得に係る住民税の計算上，従来認められていた退職所得の金額の10％相当額の税額控除が廃止されることになる。

そのため，平成25年1月1日以降に，勤続年数が5年以下の役員が受け取る退職金に関しては，大幅に増税されることになる。

このように勤続年数が5年以下の役員については節税効果が小さくなるものの，5年超勤続する役員については従来どおり大きな節税効果があるといえる。

さらに，役員退職慰労金には，会社（ひいては株主）の視点からもメリットがある。例えば，会社業績が不振となった場合や，あるいは，役員が何らかの不祥事を起こしたケースを想定すると，通常の報酬については，回収は実際上容易ではない。しかし，役員退職慰労金については，「支給しない」という柔軟な対応が可能となる。

このように，役員退職慰労金が導入されてきたことにはそれなりの理由があった。

## 6 役員退職慰労金が廃止傾向にある理由

しかし，2005年の株主総会の頃から役員退職慰労金の廃止がかなり進むようになってきた。その理由は，株主の視点から以下のように考えられる。

先ず，退職慰労金の支給の根拠ないし基準が不明確であるとされる。すなわち，何のために役員退職慰労金を支給するのかを株主に明確に説明しきれていないという点と退職慰労金には功労加算金という基準が見えにくい金銭が加算されるケースが少なくない点が主に批判の対象となっている。また，昨今の実力主義というトレンドと，退職慰労金制度がマッチしていないと考える株主が増えてきたことも理由の1つである。従業員については1990年代に入って成果主義，あるいは，実力主義が主流となっている中で，役員について見ると，退職慰労金が役位，在任期間ベースになっており，年功的であり実力主義的な色合いが薄いとされている。そして，役員退職慰労金の水準が他社との対比において高額な場合には，これらの批判がより妥当するといえよう。

図表5－2は，全産業を対象とした役員退職慰労金の1年分相当の水準である。

### 図表5－2 ■役員退職慰労金の水準（全産業）

(単位：千円)

|  | 会長 | 社長 | 副社長 | 専務 | 常務 | 取締役・執行役員 | 社外取締役 | 常勤監査役 | 非常勤監査役 |
|---|---|---|---|---|---|---|---|---|---|
| 上位10% | 12,250 | 13,008 | 8,825 | 7,400 | 5,330 | 3,630 | 1,200 | 2,688 | 700 |
| 上位25% | 9,695 | 9,971 | 5,863 | 6,525 | 5,250 | 2,957 | 750 | 2,197 | 460 |
| 中央値 | 6,000 | 6,510 | 3,990 | 4,880 | 3,311 | 1,725 | 476 | 1,330 | 250 |
| 下位25% | 3,261 | 4,323 | 2,810 | 2,852 | 2,010 | 1,110 | 310 | 725 | 170 |
| 下位10% | 1,700 | 3,591 | 2,617 | 1,968 | 1,469 | 980 | 169 | 470 | 150 |
| 平均値 | 6,771 | 8,053 | 4,832 | 4,751 | 3,562 | 2,121 | 561 | 1,505 | 355 |

(出所：DTC役員報酬サーベイ2012調査報告書)

# 7 他社動向等

　他社動向ではなく投資家の動向ではあるが，先ず，参考になるのが企業年金基金連合会の動向である。

　そもそも企業年金連合会は，2010年２月15日改定のコーポレート・ガバナンス原則において役員に対する退職慰労金の支給に係る株主総会議案について，以下の指針を立てている。

**図表５－３■役員退職慰労金の支給に係る議決権行使の指針**

① 退任取締役に対する退職慰労金支給

| | |
|---|---|
| a | 原則として肯定的に判断する。 |
| b | 社外取締役への退職慰労金支給については，肯定的な判断はできない。ただし，算定式が明示されるなど経営陣の恣意性が入る余地がないことが明らかである場合や，打切り支給の場合には，この限りではない。 |
| c | 在任期間中に法令違反や反社会的行為等の不祥事に関与し，辞任あるいは退任している場合，肯定的な判断はできない。 |
| d | 当期を含む過去３期連続赤字決算かつ無配，あるいは過去５期において当期最終利益を通算してマイナスであり，株主価値の毀損が明らかな場合，肯定的な判断はできない。 |

② 退任監査役に対する退職慰労金支給

| | |
|---|---|
| a | 原則として肯定的に判断する。 |
| b | 社外監査役への退職慰労金支給については，肯定的な判断はできない。ただし，算定式が明示されるなど経営陣の恣意性が入る余地がないことが明らかである場合や，打切り支給の場合には，この限りではない。 |
| c | 在任期間中に法令違反や反社会的行為等の不祥事に関与し，辞任あるいは退任している場合，肯定的な判断はできない。 |

　そして，企業年金連合会が保有する国内株式について，2011年７月から2012年６月までの１年間（2011年度）に開催された株主総会における株主議決権行使の状況は図表５－４の通りとなっている。

図表５－４■株主総会議決権行使状況－役員退職慰労金

| 年　度 | 賛　成 | 反　対 | 合　計 | 反対比率(%) |
|---|---|---|---|---|
| 2009 | 264 | 97 | 361 | 26.9 |
| 2010 | 276 | 57 | 333 | 17.1 |
| 2011 | 208 | 39 | 247 | 15.8 |

（出所：企業年金連合会ＨＰ「2011年度企業年金連合会保有株式株主議決権行使結果」）

　2009年度から徐々に反対比率が減少しているが，これは，議決権行使の指針に合致しない役員退職慰労金を保有していた企業（例えば，業績が中長期的にわたって悪い企業）が役員退職慰労金を廃止し，他方，役員退職慰労金を存置させている企業の退職慰労金制度が本件指針に合致している結果であると推察される。

　さらに，他社動向について見ていく。役員退職慰労金については，かなり廃止の傾向が強まっており，少なくとも上場企業においては，役員退職慰労金を存置している企業は少数派になりつつあるといえる。この点，役員報酬に係る調査結果によれば76％の上場企業が役員退職慰労金を保有していない状況にある（図表５－５参照）。「廃止を検討している」企業が７％存在していることを考慮すると，退職慰労金制度を保有しない企業は近い将来８割を超える可能性が高い。ただ，「廃止の予定は無い」という企業も17％存在していることから，特段の事情が発生しない限りこの割合が９割を超える可能性は低いと予想され

図表５－５■役員退職慰労金の存廃状況

| 存　廃　状　況 | | 比　率 |
|---|---|---|
| 従来から導入していない，または廃止済み | | 76% |
| 存置させている | 廃止の予定は無い | 17% |
| | 廃止を検討している | 7% |

（出所：ＤＴＣ役員報酬サーベイ2012調査報告書）

る。
　この廃止の傾向は業界によって大きな違いは無いが，幾分かの違いは見られる。例えば，2011年の6月の総会前の時点での地方銀行業界においては約6割の地方銀行が退職慰労金制度を存置させていた。当時の上場企業全体では4割が存置させていたのと対比すると廃止率と存置率が逆転していた。もっとも，その後，地方銀行についても廃止が大きなトレンドとなり，現時点では役員退職慰労金廃止率は，ほぼ全業界平均に近づいている。

# CHAPTER 6　役員退職慰労金を廃止する場合の方法

　役員退職慰労金を廃止する場合，その取扱いは大きく2つに分かれる。1つが，過去分の取扱い，もう1つが将来分の振替えである。

## 1　過去分の取扱い

　これは，役員退職慰労金を株主総会の決議によって廃止する場合，この時点までに累積した（引き当てられた。）役員退職慰労金をどう取り扱うかの問題である。

　退職慰労金を廃止したとしてもその時点で役員が退任するとは限らない。役員がそのまま在任した場合，退職慰労金について株主総会で廃止の決議（いわゆる打ち切り支給の決議）をしたとしてもその決議の時点で払い出すことを意味しない。なぜなら，その時点で実際に支給すると退職に起因した支給とはならず，退職所得ではなく給与所得として課税されてしまうからである。

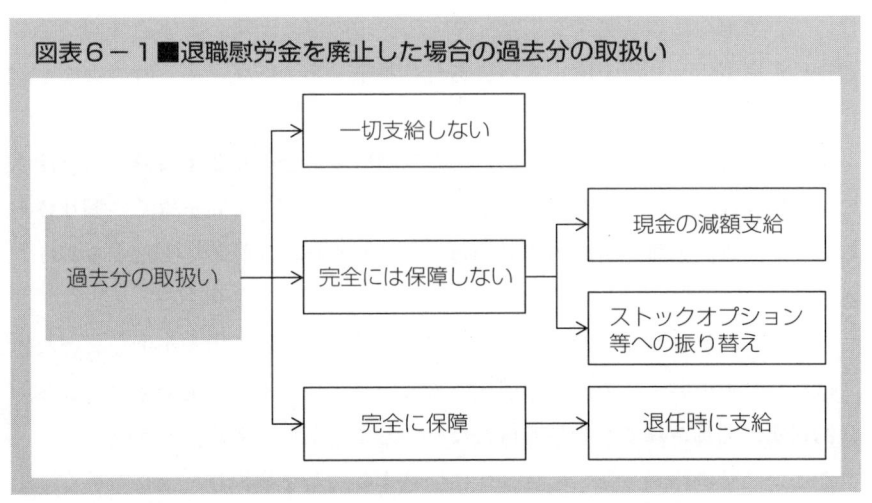

図表6-1■退職慰労金を廃止した場合の過去分の取扱い

```
過去分の取扱い ─┬→ 一切支給しない
                ├→ 完全には保障しない ─┬→ 現金の減額支給
                │                      └→ ストックオプション等への振り替え
                └→ 完全に保障 ────────→ 退任時に支給
```

そこで，過去分については通常，退任時に支給するという扱いをすることになる。もっとも，その際，株主総会決議時までに計算上積み上がった額「全額」を支給するのか，「一部減額して支給」するのかという論点があるが，経営が傾いている等の事情が無い限り退任時に全額現金で支給するケースが多い。

## 2 将来分の振替え方法

過去分の取扱いに対し，将来分の振替えとは，役員退職慰労金を廃止する決議をした後，退職慰労金に代わる何らかの報酬を支給するのかどうかの問題である。

確かに，退職慰労金を廃止した以上，一切不支給とするのが筋とも思える。しかし，いきなり将来分に相当する代替策無しに退職慰労金を廃止することは，過去の役員と現在の役員との間に大きな不公平を生じさせることになる。退職慰労金に報酬の後払い的な意味が含まれていることからすると，いきなり全額廃止することは問題である。また，トータルでの報酬額を減額することは役員のモチベーションを大きく下げることにも繋がりかねない。

そこで，役員退職慰労金の廃止を決定した企業の多くは，退職慰労金の将来分について何らかの代替策を用意している。この点，上場企業の約8割の企業が役員退職慰労金制度を廃止するにあたり将来分を一切廃止するのではなく，代替策を導入している。

そのうち最も多く採用されているのが，退職慰労金の年間相当額（当該役位に1年間在任していたならば積み上がったであろう額）を固定報酬に振り替える方法である。退職慰労金の年間相当額を月例報酬に加算して支給するわけである。

もっとも，加算して支給したからといって役員にとって損失が生じないわけではない。退職慰労金であれば退職所得というメリットが享受できたところ，月例報酬に加算されても給与所得となってしまうからである。

そこで，月例報酬（ないし賞与）に加算することを選択した企業の多くは給

与所得と退職所得の差額をそれに対する税金分も加味してグロスアップ支給している。

また，退職慰労金の年間相当額を賞与に加算するという例もある。これも基本的には月例報酬に加算するのと同じと考えて良いが，賞与の建付け如何によっては差違が生じる。例えば，一定の利益目標を達成しない限りは一切賞与は支給しないというルールが存在する場合には，退職慰労金の年間相当額が支給されないという設計もあり得る。

とはいえ，月例報酬に加算するにせよ賞与に加算するにせよ，そもそも何のために退職慰労金を廃止したのかに遡って考えると，退職慰労金を廃止しながら全額を月例報酬等に加算することは奇異とも言える。株主から批判を受けて退職慰労金を廃止しておきながら殊に全部を月例報酬に加算することは，より役員にとって有利な報酬制度を導入することに他ならない。退職慰労金であれば不祥事等があれば株主総会の決議で否決する余地があるが，月例報酬に上乗せされてしまうと否決することは困難になる（総枠の決議を否決するという間接的な方法にならざるを得ない。）。

そこで，株主の意向を踏まえた振替え方法を検討すると，株式連動型報酬への振替えが考えられる。具体的には，退職慰労金の年間相当額分をストックオプションに振り替える方法である。これによって株主と取締役の利益を調節することが可能となる。ストックオプションであれば，将来的に株価が下がれば取締役の取り分が小さくなるため取締役に真剣な経営を促すとともに，株主と取締役の利害が一致することになるからである。実際，約20％の上場企業が将来分の振替え方法としてストックオプション（ここでは通常型と株式報酬型の両方を含む）を何らかの形で導入している。

ただ，通常のストックオプションを付与したのでは割当数が大きくなり，株主の会社への支配権が希薄化するおそれがあるとともに，仮に株価が下落した場合，退職慰労金との差違が余りに大きくなるケースがある。

そこで，ストックオプションに振り替えるとしても，通常のストックオプション，すなわち，権利行使価格を時価以上に設定する方式ではなく，株式報

酬型ストックオプション（いわゆる１円ストックオプション）と呼ばれる権利行使価格を１円とするストックオプションが多く用いられている。この株式報酬型ストックオプションの導入は2004年の伊藤園が先駆けであるが，現在では退職慰労金を廃止した企業のうち約15％の企業が株式報酬型ストックオプションへの振替えを実施している。ただし，これらの企業のうち全てが退職慰労金の年間相当額全額を株式報酬型ストックオプションに振り替えているわけではない。あくまでも一定割合，例えば，５割を株式報酬型ストックオプションに振り替え，残りの５割を月例報酬に振り替えるという組み合わせも少なくないことに留意する必要がある。

　また，同じ株式連動型報酬の中でも役員持株会拠出金に振り替える例も見られる。これは，役員持株会を利用するもので，退職慰労金の代わりに役員に対して役員持株会拠出金を支給し，この拠出金を役員持株会に拠出させるものである。このスキームはストックオプションを導入したことの無い企業で，かつ，既に役員持株会が存在する企業が比較的多く採用している。既存の仕組みを利用できることから新たにストックオプションを導入するのと比較して事務手続上簡便だからである。このスキームの場合も株式報酬型ストックオプションの

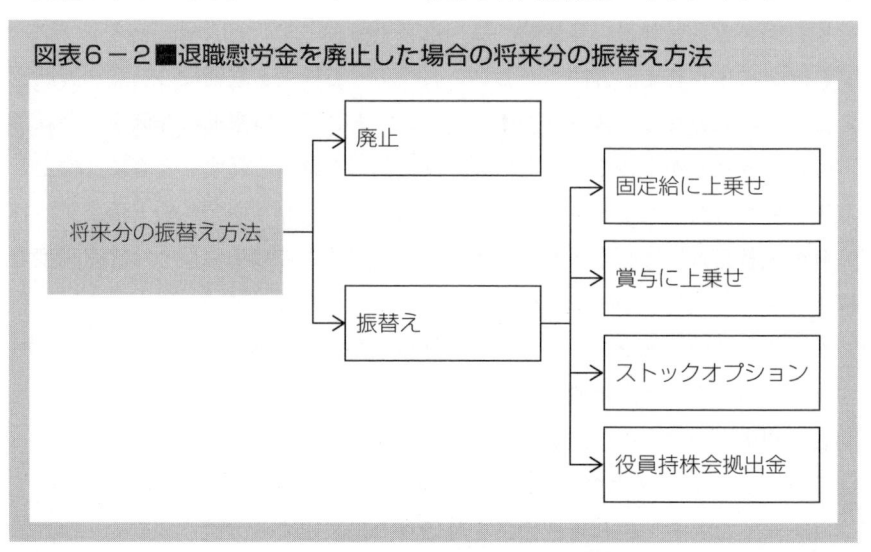

図表６−２■退職慰労金を廃止した場合の将来分の振替え方法

将来分の振替え方法
- 廃止
- 振替え
  - 固定給に上乗せ
  - 賞与に上乗せ
  - ストックオプション
  - 役員持株会拠出金

場合と同様，退職慰労金の年間相当額全額を役員持株会拠出金に振り替えられるというよりは，部分的に振り替える設計にするケースが多い。ただ，このスキームの問題点としては，（拠出金の額が一定であることを前提とすると）株価の上昇により受領できる株式数が減少する点が挙げられる。つまり，株価の上昇に貢献する程，都度積み増される株式数が減少することになり，会社業績に対する貢献を阻害する方向に動機付けされる可能性がある。

## 3 退職慰労金制度を廃止する際の手続

　繰り返しになるが，役員退職慰労金制度を廃止するにあたっては，実務上，株主総会においていわゆる打ち切り支給の決議がなされることが多い。この打ち切り支給とは，退職慰労金を廃止する決議で，制度廃止までの在任期間に対応する役員退職慰労金を支給する旨の決議である。もちろん，前述の通り打ち切り支給の決議をしたからといってその時点で退職慰労金を払い出すわけではなく，実際の退任時に退職慰労金が支給されるのが通常である。

　これにより，打ち切り支給の決議まで役員退職慰労引当金として処理されて

**図表6－3■打ち切り支給議案の例**

第Ｘ号議案　取締役および監査役に対する退職慰労金打ち切り支給の件
　当社は，役員報酬制度の見直しの一環として，平成24年○月○日開催の取締役会において，本総会終結の時をもって取締役および監査役の退職慰労金制度を廃止することを，決議いたしました。
　つきましては，本総会終結時に在任する取締役および監査役全員に対する就任時から本総会終結時までの在任中の労に報いるため，各氏に対し退職慰労金を打ち切り支給することといたしたいと存じます。
　また，支給の時期は取締役および監査役各氏のそれぞれの退任時とし，具体的支給金額，方法等は，取締役については取締役会に，監査役については監査役の協議にご一任願いたいと存じます。
　本総会終結時に，在任する取締役および監査役各氏（本総会の新任取締役および監査役は除く。）は次のとおりです。
　略歴（省略）

いた退職慰労金は，退任時点で支払うことになる条件付債務として，支給されるまでは原則として長期未払い金として処理されることになる。

## 4 退職慰労金を存置する場合の対応

以上，役員退職慰労金を廃止する場合の対応について述べてきたが，役員退職慰労金を廃止しないという選択肢もある。上述のような役員退職慰労金のメリットを考慮し，存置させるという選択肢を採る企業も想定される。ただ，その場合には，役員退職慰労金の弊害への対応をしておくことが望ましい。

具体的には，自社の退職慰労金の水準を他社の退職慰労金の水準と比較し自社の退職慰労金の水準の高低を把握することが不可欠である。また，自社の退職慰労金を含むトータルでの役員報酬の水準と他社の水準を比較し，自社の水準がどの程度の水準にあるかを把握することも有益であろう。さらに，自社の退職慰労金の功労加算部分の支給基準および支給水準等に不明瞭な点が無いかどうかを把握することも必要となる。

これらを踏まえて，自社の退職慰労金の水準を株主から納得の得られる水準に下げる（あるいは，正当化できるならそのままの水準とする。），また，必要

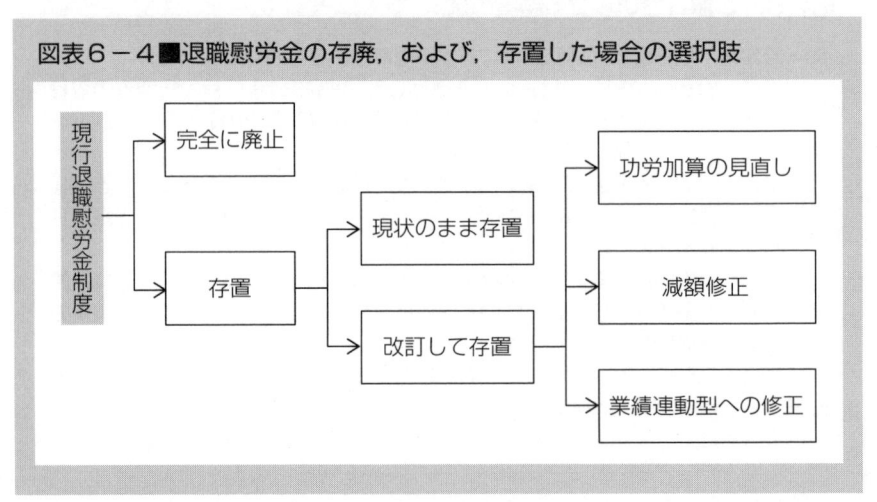

図表6－4■退職慰労金の存廃，および，存置した場合の選択肢

現行退職慰労金制度 →
- 完全に廃止
- 存置 →
  - 現状のまま存置
  - 改訂して存置 →
    - 功労加算の見直し
    - 減額修正
    - 業績連動型への修正

があれば功労加算部分について明確な支給基準等を設けるか，これを廃止するという対応を取ることが考えられよう。

　以上を取りまとめると，役員退職慰労金制度を現在導入している企業としては，存廃について選択し，仮に存置する場合の改革の方向性としては，主として，図表6－4の選択肢が考えられる。

## 5 役員退職慰労金に係るその他の論点

### (1) 退職慰労金の取戻し

　役員退職慰労金については，その存廃（あるいは，役員報酬改革全般）とは無関係な固有の論点もある。事例をベースとして検討してみたい。

　例えば，X社には役員退職慰労金に関する規程があり，従来，取締役の退任時には株主総会決議を経ずに退職慰労金を支給するという慣例があった。ところが，X社は，経営不振を理由に退任取締役のAに対して退職慰労金を支給しない意向を表明した。これに対して，AはX社に対して退職慰労金規程に従って退職慰労金を支給するよう強く催告したところ，X社の経理担当者はそのまま退職慰労金規程に従い，Aに退職慰労金を支給した。後日，X社は経営不振により民事再生手続開始の決定を受け，X社はAに対して本件退職慰労金の返還を求めた。

　この場合に，X社の返還請求は認められるか。

　上述のとおり，退職慰労金は，定款規定あるいは，株主総会決議が存在しない限りは具体的な請求権とはならず，そのため，X社の株主総会決議を経ていない以上，Aは会社に対して退職慰労金の請求はできないはずである。そうでなければ，取締役によるお手盛りの弊害を防止することができなくなるからである。

　しかし，判例（最判平成21年12月18日判タ1316号132頁）は，類似の事例において，退任取締役に対して退職慰労金を不支給とすべき合理的な理由があるなど特段の事情がない限り，会社は退任取締役に対して既に支払われた退職慰

労金の返還を請求することは信義則に反し，権利濫用として許されないとしている。

よって，本件のような事例において，Aに対して退職慰労金を支給すべきでないといった特殊な事情が無い限りは，会社はAから退職慰労金を取り戻すことができない可能性が高い。

### (2) 合併時の取扱い

例えば，A社とB社が合併し，A社が存続会社，B社が消滅会社となったとする。この場合，B社とB社の従業員の労働契約はそのままA社に包括的に承継されることになり，B社の従業員はA社の従業員として継続的に労働を提供することになる。ところが，取締役の場合，消滅会社B社と当該取締役の間の委任契約は存続会社A社に必ずしも承継されるわけではなく，消滅会社の取締役が存続会社の株主総会の決議によって選任されない限りは存続会社の取締役に就任することにはならない。

仮に，消滅会社の取締役が存続会社の取締役に就任しない場合で，かつ，消滅会社に退職慰労金制度が存在する場合には当該取締役に退職慰労金が支給されることになるが，退職慰労金は株主総会決議を経て具体的な権利となるため退職慰労金を支給するためには株主総会決議が必要となる。ここでの株主総会の主体であるが，消滅会社が主体となる場合と存続会社が主体となるケースがある。すなわち，合併の効力が生じる日から短期間のうちに存続会社の株主総会が開催される場合には存続会社において決議を取るのが自然であろう。しかし，そうでない場合には退職慰労金の支払が大きく遅れる可能性があるため消滅会社の株主総会で決議してしまうこともある。

これに対して，消滅会社の取締役が存続会社の取締役に就任する場合であるが，この場合，2つの対応が考えられる。合併の際に消滅会社の退職慰労金を支給する取扱いと，存続会社の取締役を退任する際に消滅会社の分と併せて支給する取扱いである。いずれの対応を選択するにせよ，その旨を合併契約書に記載することになる。

# CHAPTER 7　役員報酬の改革・見直し

## 1　役員報酬戦略

### (1)　戦略的な役員報酬

　役員報酬は企業の持続的な競争優位性を担保するために不可欠な制度である。そのためには，上述のように役員報酬に戦略性を持たせる必要がある。経営の方向と一致する役員報酬制度を構築することによって「あるべき役員像」に合致した役員（候補）を内部から選抜，育成できるものでなければならない。同時に，あるべき役員像に近い人材を外部から登用できるものでなければならない。役員を自社から競合他社に流出させない仕掛けも必要だし，役員が戦略的に正しい方向にやる気をもって進み，かつ，企業価値の向上という結果が出せるような制度でなければならない。結果も短期的なものも重要だが企業の持続的な競争優位性に資するものでなければならないから中長期的な結果を促す仕組みでなければならない。そして，このような仕組みこそが株主が望む役員報酬といえる。

　例えば，多国籍の鉱山・資源グループのリオティントの役員報酬戦略（図表7－1参照）を見ると，役員報酬戦略と経営戦略との整合性がかなり意識されている。報酬戦略の柱の1つとして，Shareholder alignmentを挙げ，TSR（total shareholder return）を業績評価指標の1つとして用いる等によって経営幹部が株式価値最大化に向けて動くことを謳っている。また，Long term focusを掲げ，インセンティブ報酬については，経営幹部が長期的な視点から大規模な投資等を含むビジネス上の意思決定ができることを促す仕組みでなければならないものとしている。さらに，（人材獲得競争の存在を前提とし）ストレッチ目標を達成できるようなhigh calibre（高い力量）を有する経営幹部

を獲得し，繋ぎ止めることのできる競争力のある報酬制度とすることにも言及している。さらに具体的に見てみると，先ずはＴＳＲのベンチマークとして，同業のインデックス（HSBC Global Mining Index）とともに，グローバルなインデックスであるＭＳＣＩを採用している点が興味深い。これは，自社を単に鉱山・資源企業だけではなく，グローバルな企業としても定義していることを示唆している。また，短期インセンティブに係るＫＰＩとして安全性基準を採用している点も注目に値する。これは，安全を重視する事業方針と整合させる意味合いがあると思われる。

図表７－１■役員報酬戦略に係る事例（リオティント）

| Remuneration strategy | Supporting our business strategy |
| --- | --- |
| **Shareholder alignment**<br>We aim to incentivise management to deliver shareholder value, for example, by having relative TSR as the metric for our performance based long term incentive plans. | Delivering rewards based on the relative standing of our performance against both the HSBC Global Mining Index and the broader market of large global companies as measured through the Morgan Stanley Capital Index (MSCI) helps drive superior performance, by providing greater upside potential and rewarding high wealth creation for our shareholders in growth periods. |
| **Long term focus**<br>We aim to provide incentive plans that focus on longer term performance. | Our incentive plans are designed to promote and reward decision making with a positive long term impact so that our executives successfully contribute to our business of focusing on investing in and operating large, long term, cost competitive mines and businesses. The Performance Options and Performance Shares have a three and four year time horizon, respectively. The Committee has also introduced a deferral of a proportion of the annual bonus, payable in shares after three years. |

CHAPTER 7■役員報酬の改革・見直し

| | |
|---|---|
| **Health and safety**<br>We aim to promote and reward sustainable development, with a strong focus on health and safety in the annual bonus targets. | As an organisation, we strive for superior long term shareholder value creation in a healthy, safe and environmentally appropriate way. These are key elements of our commitment to operational excellence and licence to operate, two of the Group's strategic drivers. This is why we have health and safety as key performance indicators in the Short Term Incentive Plan (measured in relation to all injury frequency rates, significant potential incidents rate and semi quantitative risk assessment). |
| **Competitive, performance related packages**<br>We aim to provide remuneration levels necessary to recruit and retain executives of the high calibre required to deliver our strategy. We benchmark our remuneration against our key peers to ensure we offer packages that are appropriate, with due regard for performance, without being excessive | High quality people, who are capable of achieving stretching performance targets, are essential in generating superior returns for the Group. By providing competitive and performance related remuneration, we can attract the talent needed to further solidify our strategic advantage and respond quickly and strategically to changing market opportunities and challenges |

（出所：Rio Tinto 2010 Annual Report）

また，役員報酬を競争優位性の持続ないし経営戦略達成の手段として位置付ける以上は，開示義務の有無にかかわらずしっかりとした報酬戦略を構築するのは当然である。さらに，グローバル化が加速化する中，既に外国人の役員を登用している企業が増えつつある。そういった中，グローバル戦略と整合する役員報酬戦略の構築が不可欠といえる。

### (2) 役員報酬の方針

　役員報酬戦略（Remuneration strategy）を受け，役員報酬の方針（Remuneration policy）を策定することになる。役員報酬戦略だけだとやや抽象的にすぎるからである。役員報酬戦略と役員報酬の方針は必ず区別しなければならないものでは無いが，本書では前者を経営との整合性を意識したもの，後者を報酬に特化した技術的な方針として位置付けている。前者を報酬戦略の総論，後者を報酬戦略の各論と呼ぶこともできる。

　役員報酬の方針においては，役員報酬の構成要素，および，それぞれの要素の目的や狙い，さらには，内容について言及することが求められる。短期インセンティブであれば，例えば，「グループのKPIを達成して株主価値の向上を図ることを目的とする。」といった狙いを記載すべきことになる。これを受け，業績指標としてはグループのKPIや株主価値の向上を図ることができる指標（例えば，ROE）を用いることになる。短期インセンティブの内容としては，業績指標を達成した場合に固定報酬との対比で何％程度を支給するのかを階層別に示すことも求められよう。

　図表7-2はリオティントの役員報酬の方針のサマリーである。ここには，Base salary（固定報酬），short term incentvive plan（短期インセンティブ），Performance option（パフォーマンス・オプション），Performance share（パフォーマンス・シェア），Management share plan（マネジメント株式プラン），post employment benefits（退職給付制度）といった役員報酬の構成要素毎についてそれぞれの支給目的と概要が記載されている。さらに，経営幹部に対するShareholding requirements（株式保有義務）についても言及している。

CHAPTER 7 ■役員報酬の改革・見直し

### 図表7-2■役員報酬の方針に係る事例（リオティント）

| | Objective of component | Remuneration arrangements |
|---|---|---|
| Base salary (fixed) | ・ Provides the fixed element of the remuneration package<br>・ Typically, base salaries will be positioned at the median of the identified comparator groups, with total remuneration positioned across the full market range according to performance | ・ Salary adjustments effective 1 March 2011<br>・ Any increases are determined with reference to underlying Group performance and global economic conditions |
| Short Term Incentive Plan ("STIP") (at risk) | ・ Focuses participants on achieving annual performance goals, which are based on the Group's KPIs, to create sustainable shareholder value<br>・ 50 per cent of the bonus delivered in cash and 50 per cent delivered in deferred shares under the Rio Tinto Bonus Deferral Plan (BDP), vests in the December of the third year after the end of performance year to which they relate (generally subject to continued employment) to ensure ongoing alignment between the executives and shareholders | ・ Target STIP opportunity 100 per cent for PGCEOs and Group executives to 120 per cent of base salary for executive directors<br>・ Maximum STIP opportunity of 200 per cent of base salary<br>・ Performance targets include earnings, cash flow, safety and individual performance objectives |

| | | |
|---|---|---|
| Performance Options – Share Option Plan ("SOP") (at risk) | · Rewards participants for increasing the share price and delivering superior TSR performance against other companies over a long term horizon<br>· Three year performance period to provide long term alignment with shareholders<br>· "How" performance is generated is as important as "what level" of performance is delivered. Therefore, before awards vest, the Committee must also satisfy itself that TSR performance is an appropriate reflection of the underlying performance of the business and can adjust vesting accordingly | · Market value Performance Options vest based on the TSR performance against the HSBC Global Mining Index<br>· Target (and maximum) face value of 300 per cent of base salary |
| Performance Shares – Performance Share Plan ("PSP") (formerly the Mining Companies Comparative Plan) (at risk) | · Rewards participants for increasing the share price and delivering superior TSR performance against other companies over a long term horizon<br>· Four year performance period to provide long term alignment with shareholders<br>· As with Performance Options, before vesting the Committee must also satisfy itself that TSR performance is an appropriate reflection of the underlying | · Conditional share awards vest based on TSR performance relative to 50 per cent – the HSBC Global Mining Index; 50 per cent – the Morgan Stanley Capital World Index (MSCI)<br>· Target award equal to face value of 200 per cent of base salary<br>· 1.5 times target award vesting for outperformance of the relevant index<br>· Subject to shareholder approval at the 2011 annual general meetings, |

CHAPTER 7 ■役員報酬の改革・見直し

| | | performance of the business and can adjust vesting accordingly | from 2011 executives allowed to express a preference regarding the "mix" of the long term incentive opportunity between:<br>○ Keeping the current mix of Performance Shares / Performance Options<br>○ Receiving their full opportunity in Performance Shares<br>・ Overall the expected value of the total compensation opportunity will remain the same. In order to facilitate this choice it is proposed that the individual grant limits under the PSP be increased |
|---|---|---|---|
| Management Share Plan ("MSP") (usually time based) | ・ Enhance the Group's ability to attract and retain key staff in an increasingly tight and competitive labour market | | ・ Conditional share awards generally vest based on continued service with the company until the date of vesting<br>・ Members of the Executive committee are not eligible to participate in awards under this plan<br>・ Shares to satisfy the awards are purchased in the market and no new shares are issued to satisfy awards |
| Post employment Benefits (fixed) | ・ Provides locally competitive post employment benefits for participants in a cost efficient manner | | ・ Post employment benefit arrangements offered |

63

| | | |
|---|---|---|
| Shareholding requirement | ・ Provides alignment with shareholders' interests | ・ Executive directors – Two times base salary over a three year period from appointment<br>・ Other members of the Executive committee – Two times base salary over a five year period from appointment |

(出所：Rio Tinto Annual Report 2010)

　役員報酬の方針を策定するにあたっては企業の戦略も加味することが有用であり，例えば，M＆Aが頻繁な業界，あるいは，業界再編が加速化している業界であれば，株主利益に合致する買収を役員が自己保身のために回避することを防止すべく，良い意味での（つまり，買収者の買収意欲を削ぐことを目的とするのではなく，取締役が真に株主利益を考慮できるようにするための）ゴールデン・パラシュートのような仕掛けもプラスαとして考慮する必要があるかもしれない。ゴールデン・パラシュートが無いと役員が保身に走り，闇雲に買収に否定的になることがある。

## 2　役員報酬改革の程度の決定

　役員報酬に戦略性を持たせるべきという話をしたが，実際の改革には検討するにあたって割ける時間その他種々の制約がある。
　そこで，役員報酬改革を実施する場合には，どの程度の改革を実施するのかについて予め検討しておくことが現実的である。例えば，しっかりと経営分析をし，あるべき役員像を策定しつつ役員報酬戦略を構築し，さらにこれを受けた先進的な制度まで想定するのか，あるいは，とりあえずは，目先の役員退職慰労金の存廃とそれに付随する見直しに留めるのかといった改革のレベル感についての検討である。

決算期が3月末日の企業が同年1月の段階で委員会設置会社への移行まで検討するとしたらどうだろう。検討項目が多すぎて緊急性の高い項目の見直しすら実現できずに頓挫する可能性が高い。あるいは，ディスクロージャーを充実させたいからといって米国の報酬上位者の開示のような個別開示まで実施するとすれば，役員からの納得が得られず役員報酬改革に手が付けられずに終わってしまうかもしれない。

そこで，役員報酬改革を実施するにあたってはどこまで遡った戦略的な改革を実施するのか，あるいは，どの程度ドラスチックな改革をする予定なのかを改革のために与えられた期間を考慮しつつ予め決めておくことが現実的である。具体的には，例えば，しっかりとした役員報酬戦略を構築するのかどうか，委員会設置会社の導入，任意の報酬委員会の導入，個別開示の実施，執行役員制度の導入（あるいは現行制度の見直し），退職慰労金の存廃まで検討するのかどうかについては予め決めておくことが望ましい。12月に取締役の報酬水準を見直すつもりで検討を始めたところ，議論の過程で執行役員制度の見直しまで検討しようということになると，6月下旬の株主総会までに検討が終わらないといった事態も生じかねないからである。

## 3 役員報酬の構成要素および比率

役員報酬の構成要素としては，一般に①年俸（図表7－3のⅡ），②短期インセンティブ（Ⅰ），③中長期インセンティブ（Ⅳ）および④退職慰労金（Ⅲ）がある。短期インセンティブ，あるいは中長期インセンティブの内容としてどのような制度を導入すべきかという論点に先立ち，これらの4つの要素についてどのような構成比率にすべきかについて検討を要する。

4つの要素については，リスクおよび時間軸で4象限に分けることができるが，特に，支給確率の軸が重要である。すなわち，②の短期インセンティブと③の中長期インセンティブは会社業績等によっては支給されない（あるいは行使可能とならない。）可能性があるのに対して，Ⅱの年俸とⅢの退職慰労金は

特段の事情が無い限りは支給される。また，Ⅱの年俸とⅠの業績連動型報酬はそれぞれ月次，年次に支給されるのが通常であるから短期的に決済される報酬であり，他方，Ⅳの中長期インセンティブとⅢの退職慰労金は中長期で決済される報酬といえる。

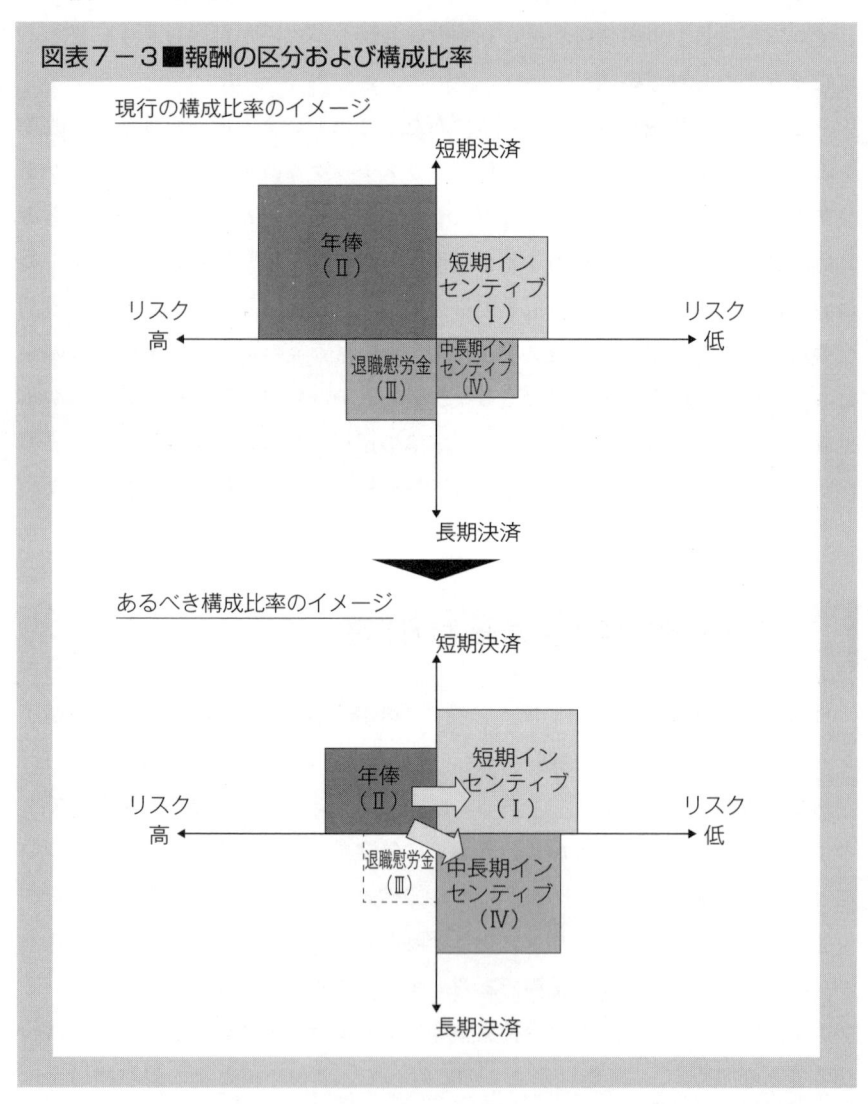

**図表7−3■報酬の区分および構成比率**

現行の構成比率のイメージ

- 縦軸：短期決済 ↔ 長期決済
- 横軸：リスク高 ↔ リスク低
- 年俸（Ⅱ）
- 短期インセンティブ（Ⅰ）
- 退職慰労金（Ⅲ）
- 中長期インセンティブ（Ⅳ）

あるべき構成比率のイメージ

- 縦軸：短期決済 ↔ 長期決済
- 横軸：リスク高 ↔ リスク低
- 年俸（Ⅱ）
- 短期インセンティブ（Ⅰ）
- 退職慰労金（Ⅲ）
- 中長期インセンティブ（Ⅳ）

日本においては役員報酬がさほど高額ではないため余り表面化していないが，役員報酬が高額化すると，報酬の構成要素の比率に対して投資家が大きな関心を払う傾向にある。業績が良ければある程度払ってもいいが，そうでない場合には払うべきではないという視点である。つまり，投資家の立場からは業績連動のリスク部分の報酬要素の比率が高い程望ましい。もちろん，逆に，役員の立場からはリスクの高い報酬要素は支給確率が低く，その構成比率を高めるのはなるべく避けたいところである。この構成比率の決定にあたっては，端的には，株主を含む投資家の利益と役員の利益の合理的調和点を求めることになるが，具体的には，役員報酬戦略や役員報酬の方針が拠り所となる。

例えば，ビジネス・ドメインが変化しにくい長期的視野に立つビジネスでありつつも，短期的な業績が大きく変動することがあり，かつ，優秀な役員が売り手市場にある企業を想定すると，この企業においては，先ず，高額な報酬水準が求められる。そうすると，高額である以上は年俸を含む固定報酬の比率は小さくなり（図表7－3のⅡ，Ⅲ），変動報酬の割合が高くなるべき（Ⅰ，Ⅳ）ところ，変動報酬については中長期インセンティブの比率が高くなる（Ⅳ）。なぜなら，高額報酬であるほど固定報酬の水準を下げるべきであり，逆に，高額報酬でないほど固定報酬の水準を上げても構わないと考えるのが投資家の合理的意思であり，中長期的視野に基づく中長期的な決済が求められる以上は短期インセンティブより中長期インセンティブ（Ⅳ）を重視すべきといえるからである。

グローバル企業の構成比率を見ると，固定比率を報酬全体の2割から3割程度に抑えている企業は少なくなく，例えば，リオティントの業務執行役員の固定報酬（fixed）は全体の約25％，変動報酬（at risk）は約75％となっており，変動報酬のうち短期インセンティブと中長期インセンティブの比率はそれぞれ全体の約30％，45％となっている。同社のように長期的視点に立ったビジネスにおいても固定報酬の比率が小さく抑えられている点が注目に値する（図表7－4）。

ちなみに，リオティントの経営幹部の報酬水準だが，最も高い幹部で2011年

にトータル報酬ベースで約570万米ドルである。

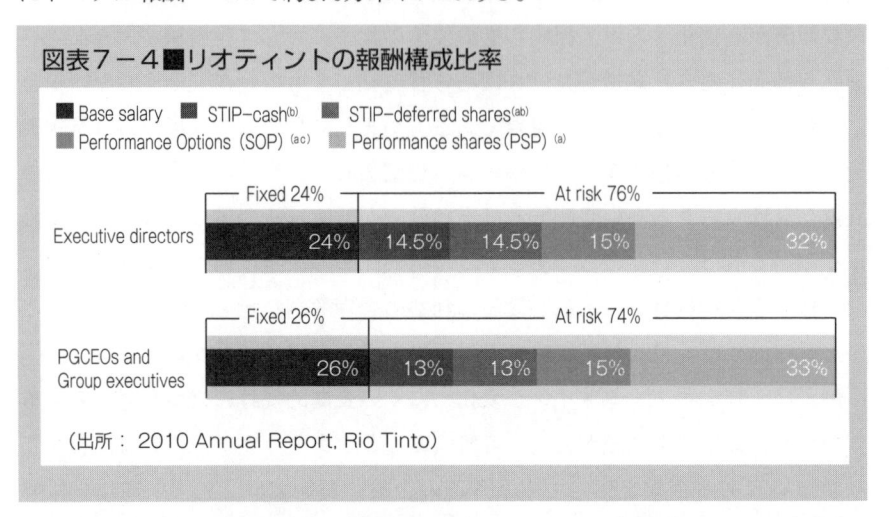

**図表7－4■リオティントの報酬構成比率**

- Base salary
- STIP-cash(b)
- STIP-deferred shares(ab)
- Performance Options (SOP) (ac)
- Performance shares (PSP) (a)

Executive directors
- Fixed 24% | At risk 76%
- 24% | 14.5% | 14.5% | 15% | 32%

PGCEOs and Group executives
- Fixed 26% | At risk 74%
- 26% | 13% | 13% | 15% | 33%

（出所：2010 Annual Report, Rio Tinto）

　日本においては固定報酬の構成比率がかなり高く，投資家の立場からは固定報酬の比率を大きく下げ，その代わり短期，中長期のインセンティブを増やすことが望ましい。

　もっとも，日本企業の役員の報酬水準は欧米と比較してかなり低く，例えば，年間報酬3,000万円程度の上場企業社長も少数派とまではいえない（図表7－9参照）。そういった企業に対してガバナンスを強調し，固定報酬を減らすべきだと唱えることにどれだけ意味があるのかと考えると，これは困難であろう。すなわち，例えば，3,000万円の4割を固定とした場合，業績にかかわらず保障される報酬は1,200万円にすぎず，これで優秀な役員にやる気を求めるのはナンセンスといえる。固定比率を下げ，インセンティブの比率を高めるのは望ましいが，それは，ある程度報酬水準が高い企業であることが前提といえよう。

## 4 年　　俸

### (1) 年　　俸
#### イ）固定方式とレンジ方式

　年俸については，役位別に一定の固定額を設定しこれを支給するケース（固定方式）と，役位別に一定のレンジ（報酬の幅）を設けてその範囲内で支給するケース（レンジ方式）があるが，上述のとおりそれぞれ問題がある。

　そして，いずれを採用すべきかについては，通常，抽象論で決定することができると思われる。その際，いずれを採用するかを決定した上で，詳細な設計に入ることになる。

　では，いずれを採用すべきか。

　先ず，固定方式のメリットとデメリットであるが，これらは図表7－5に整理している。

図表7－5■固定方式のメリットとデメリット

| メリット | デメリット |
| --- | --- |
| ・年俸が一定の役割・責任に対して支給されるものだということが明確になる。<br>・同じ役割・責任に対して同じ報酬を支給することから公平性が高い。<br>・年俸の改定作業が発生しないため簡便である。<br>・期ズレが生じないためガバナンスの要請に反しない。<br>・従業員の賃金制度との違いを強調しやすい。 | ・同一役位の役員の間で実力の差がある場合，これを年俸レベルでは解消できない。<br>・これは，業績不振等により賞与が支給できない場合に顕在化する。<br>・外部から役員を登用する際，報酬水準の柔軟性に欠けるためそのまま同レベルの報酬水準で横滑りさせることが困難である。 |

　これに対して，レンジ方式については，図表7－6に以下のとおり整理している。

図表7-6■レンジ方式のメリットとデメリット

| メリット | デメリット |
|---|---|
| ・同一役位の役員の間で実力の差がある場合にこれを年俸レベルで反映させることができる。<br>・役員の業績を年俸に反映させつつ，これを損金算入できる。<br>・外部から登用する場合にレンジがあるとはめ込み易い。<br>・役員の流動性が高い業界により有用である。 | ・毎年年俸を改定する場合，固定方式との対比上，手続が煩雑である。<br>・前期の業績が当期の年俸に反映される場合には期ズレが生じる。<br>・従業員の賃金制度との違いを強調しにくい。<br>・固定報酬なのか変動報酬なのかが不明確に見えるため，投資家から理解が得られにくい可能性がある。 |

以上を検討すると一概にどちらが良いとは言い切れないが，柔軟性という点ではレンジ方式，ガバナンスの視点からは固定方式が妥当といえよう。どちらを戦略的に重視するかによっていずれを選択すべきかを判断することになろう。

ロ）固定方式の設計

固定方式の設計は極めてシンプルである。役位毎に一定額の報酬水準を設定すれば足りるからである。そういう意味では，固定方式の設計は役位別の妥当な報酬水準設定（含む，適当な役位間格差）に尽きることになる。

報酬水準の設定方法については後述しているのでそちらをご参照いただきたい。

ハ）レンジ方式の設計

本方式には，主として2つのパターンがある。洗い替え型と積み上げ型である。先ず，洗い替え型は，年俸を前期の業績に応じてゼロベースで変動させるものである。例えば，取締役のA，B，Cの3段階評価において，A評価なら3,100万円，B評価なら3,000万円，C評価なら2,900万円に設定するものである。仮に，前期の業績がC評価なら前々期の評価がAだったとしても当期の年俸は2,900万円となり，過去の評価結果を累積させない方式である。

他方，積み上げ型は，2,900万円から3,100万円の範囲内で評価結果に対応し

て年俸が変動する方式である。例えば，Ａ評価なら10％，Ｂ評価なら０％，Ｃ評価なら－10％の昇給となる。そして，前々期がＡ評価で前期がＣ評価なら当期の年俸は前々期の年俸×1.1×0.9となる。つまり，過去の評価結果が累積されることになる。

両方式を比較すると積み上げ型が一般の従業員の賃金制度の建付けに近い。つまり，実力主義の色合いが薄く，他方，洗い替え方式の方が会社業績との連動性がより直接的である。そういう点から，株主からは洗い替え方式がより好感されるものと思われる。

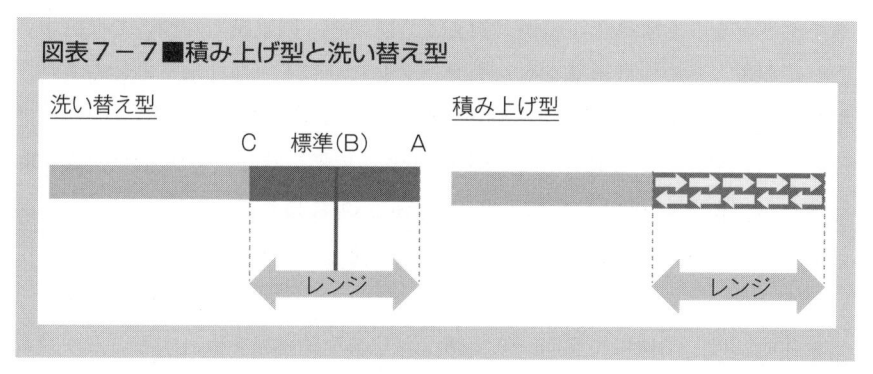

図表７－７■積み上げ型と洗い替え型

洗い替え型　　　　　　　　　　　　積み上げ型
　　　　　　Ｃ　標準(Ｂ)　Ａ
　　　　　　　　　レンジ　　　　　　　　　　　レンジ

レンジの幅については，内部昇格者だけを考えれば事足りる企業であれば，レンジが重複しないような設計の方が内部公平性を担保しやすいといえる。しかし，役員レベルについてもある程度の人材の流動性が認められる企業やグローバル化が進み，グローバル役員報酬を意識せざるを得ない企業については，レンジの幅を広く認める方が実践的といえる。実際，経営幹部の流動性の高い米国ではレンジの幅を広く取る傾向がある。これは個別対応に近い形での採用であってもある程度筋の通った対応が可能となる設計といえる。

以上，洗い替え型と積み上げ型を紹介したが，レンジ方式を採りつつも昇格等が無い限りは年俸を変動させない方法も考えられる。この方法によれば，期ズレが生じないことからガバナンスの要請に合致する反面，同一役位の役員の間で公平性を欠く事態が生じ得る。

## (2) 報酬水準
### イ) 狙うべき水準を決定する要素

　役員報酬の水準の設定は役員報酬の設計において極めて重要な項目の1つである。妥当な水準設定なくして優秀な役員の任用・繋ぎ止めが困難になるからである。しかし，具体的な報酬水準は経営戦略や会社業績から演繹的に導き出すことはできず，他社水準を参考にしつつ導き出さざるを得ない。

　とはいえ「他社水準がこの程度だから当社の水準もこの程度とした」という粗い設定では戦略性に欠ける。そもそも，他社水準としてどういった企業の水準をターゲットとすべきなのか（例えば，同業種，同規模）について検討することになる。この他社水準をベンチマークとしつつも，他社水準のどのあたりを基準とすべきか（例えば，上位25％ileでいくのか，50％ileでいくのか）を決定するにあたっては種々の要素を検討する必要がある。ちなみに，25％ileは仮に対象企業が100社存在した場合の上位25番目の企業の報酬水準，50％ileは上位50番目の企業の報酬水準を意味する。後者は必ずしも平均値と一致しない。

　具体的には，①株主の意向，②業績，③リスク要因等を検討することが重要である。①の株主の意向には種々あるが，大株主の意向，株主総会における株主による役員報酬に関する意見，質問等が参考になろう。日本の場合，例えば，子会社の役員の水準は，例え親会社と業態が異なったとしても親会社の役員の水準を超えてはならないという不文律が存在するケースもあり，これも株主の意向に含めることができる。②の業績については，景気動向，業界動向，自社の業績を考慮することになる。自社の業績についても過去の業績と将来の見通しの双方が検討要素になる。業績が良ければ報酬水準を上げる要因になるし，逆に，低迷していれば，据え置きないし下げる要因となる。

　③のリスク要因等は，役員の取っているリスクが高ければ報酬を上げる要因になるし，逆に，リスクが低ければ報酬を下げる要因となる。例えば，任期が1年の企業で再任基準が厳格であれば取締役のリスクが高いといえる。これに対して，任期が2年で再任基準が曖昧で任期途中で解任されることがほとんど

無いという企業においては取締役のリスクが低いといえよう。また，例えば，金融機関等，「代表訴訟を提起されるリスクが高い」という点もリスクの1要因となり得る。ちなみに，上場企業においては約55％の企業が任期を1年としている。

その他の検討要素として考えられるのが，④自社の従業員の最高報酬である。例外的なケースもあるが，会社業績への影響力の強さに鑑みれば，取締役の報酬は従業員の報酬より高くて然るべきだからである。この点，欧米では日本と比較して格差が大きい企業が多く，リスクに見合った水準となっている。

図表7－8は，従業員の最高額を1とした場合の役員報酬の水準である。ここでは金銭報酬総額から役員退職慰労金や従業員の退職金が除かれている。

図表7－8■従業員最高額を「1」とした場合の役員現金報酬水準

(単位：千円)

|  | 会長 | 社長 | 副社長 | 専務 | 常務 | 取締役・執行役員 | 社外取締役 | 常勤監査役 | 非常勤監査役 |
|---|---|---|---|---|---|---|---|---|---|
| 全企業 | 2.33 | 2.99 | 2.22 | 1.93 | 1.67 | 1.18 | 0.31 | 0.94 | 0.28 |
| 上場企業 | 2.40 | 3.08 | 2.34 | 1.89 | 1.67 | 1.18 | 0.32 | 0.93 | 0.28 |
| 非上場企業 | 1.93 | 1.90 | 1.55 | 1.93 | 1.52 | 1.18 | 0.05 | 0.99 | 0.05 |

さらに，属人的な考慮要素としては，これらに加えて⑤「外部価値」や⑥「部門格差」をも考慮する必要がある。すなわち，役員の中には他社に移籍した場合より高い報酬を得ることができる人材も存在する。こういった役員は外部価値が高いといえ，自社に繋ぎ止めるためには別途この点を考慮する必要がある。現時点では，過去に役員が外部に引き抜かれたケースが無い企業の方が多い。しかし，グローバル化が進むにつれ，そういった事態は間違いなく増えていくであろう。逆に，外部価値が低い場合には，特に考慮する必要性は低い（むしろマイナス要素として考慮しても良いかもしれない。）。

また，部門格差とは，部門によって戦略的な位置付けに優劣がある場合に，戦略的にウェイトが高いとされる部門の長である役員をそうでない部門の長より高く処遇することを意味する。仮に，自社において部門によって戦略的な優

劣があるのであれば、(従業員の職種別賃金制度と同じ発想で) 報酬水準に優劣をつけることにも合理性がある。

ロ) 他社水準

あるべき報酬水準を設定するにあたっては他社水準が参考になるが、他社水準のベンチマーク対象としてはどのような企業が適切なのだろうか。

確かに、業界によってある程度の水準格差はみられる。しかし、少なくとも日本においては、報酬水準の差は、規模との関係でより大きな相関が見られる。つまり、業界別ベンチマーク調査結果よりは、規模別結果の方がより妥当な情報が得られることが多い。もちろん、同じ業界で同じ規模の情報があればそれにこしたことは無いが、それを集めるのは困難を極める。役員報酬の水準は秘匿性が高く、規模別の業界水準はほとんど開示されておらず、業種別、規模別の情報はおろか、企業全般についての報酬水準すら信頼性の高い公開情報が少ない状況にある。

以下、報酬水準に係る統計データをご紹介したい。これらの統計データは、上場企業を中心に110社強を対象としてデロイト トーマツ コンサルティングが2012年度に実施したサーベイ結果に基づくものである。

図表7－9は、上場企業に限定した全業種(産業)の役位別の金銭報酬総額の役位別水準、図表7－10は、全業種で5,000人以上の規模の企業の役位別水準、さらに、図表7－11は、全業種で1,000人以上5,000人未満規模の企業の役位別水準、図表7－12は、全業種で500人以上1,000人未満規模の役位別水準、図表7－13は、全業種で500人未満規模の役位別水準である。これら全て、役員退職慰労金を導入している企業については１年間相当分の退職慰労金が含まれている。

図表7-9■上場企業の金銭報酬総額の水準（全産業）

(単位：千円)

| | 会長 | 社長 | 副社長 | 専務 | 常務 | 取締役・執行役員 | 社外取締役 | 常勤監査役 | 非常勤監査役 |
|---|---|---|---|---|---|---|---|---|---|
| 上位10% | 78,000 | 86,996 | 63,152 | 53,347 | 45,165 | 31,483 | 12,096 | 24,264 | 8,004 |
| 上位25% | 52,729 | 61,319 | 52,126 | 48,300 | 35,361 | 24,000 | 9,648 | 19,200 | 5,600 |
| 中央値 | 38,117 | 41,407 | 40,379 | 32,861 | 24,659 | 18,272 | 6,000 | 13,449 | 3,720 |
| 下位25% | 29,040 | 30,336 | 28,306 | 24,070 | 19,500 | 14,000 | 3,600 | 9,488 | 2,400 |
| 下位10% | 21,600 | 21,860 | 22,523 | 17,034 | 16,010 | 10,742 | 0 | 5,952 | 1,200 |
| 平均値 | 46,243 | 48,905 | 40,569 | 34,397 | 27,599 | 19,637 | 7,001 | 14,637 | 4,161 |

(出所：DTC役員報酬サーベイ2012調査報告書)

図表7-10■従業員5,000人以上の企業の金銭報酬総額の水準（全産業）

(単位：千円)

| | 会長 | 社長 | 副社長 | 専務 | 常務 | 取締役・執行役員 | 社外取締役 | 常勤監査役 | 非常勤監査役 |
|---|---|---|---|---|---|---|---|---|---|
| 上位10% | 89,228 | 92,500 | 72,070 | 56,155 | 46,300 | 33,013 | 13,200 | 29,805 | 8,300 |
| 上位25% | 67,730 | 85,858 | 54,998 | 51,860 | 41,733 | 28,000 | 11,310 | 24,420 | 8,004 |
| 中央値 | 45,320 | 58,375 | 42,391 | 39,018 | 30,499 | 21,775 | 8,400 | 20,400 | 6,000 |
| 下位25% | 38,117 | 45,931 | 33,739 | 32,827 | 25,520 | 18,144 | 6,903 | 15,000 | 4,200 |
| 下位10% | 35,520 | 34,280 | 29,312 | 23,100 | 19,500 | 14,995 | 5,000 | 13,200 | 2,907 |
| 平均値 | 66,936 | 63,960 | 45,203 | 40,673 | 33,461 | 22,938 | 8,974 | 21,099 | 5,934 |

(出所：DTC役員報酬サーベイ2012調査報告書)

図表7−11■従業員1,000人以上5,000人未満の企業の金銭報酬総額の水準（全産業）

(単位：千円)

| | 会長 | 社長 | 副社長 | 専務 | 常務 | 取締役・執行役員 | 社外取締役 | 常勤監査役 | 非常勤監査役 |
|---|---|---|---|---|---|---|---|---|---|
| 上位10% | 61,130 | 83,604 | 60,557 | 49,551 | 41,200 | 30,920 | 10,700 | 23,553 | 8,400 |
| 上位25% | 43,000 | 67,676 | 52,172 | 46,500 | 27,634 | 22,530 | 9,600 | 19,400 | 6,000 |
| 中央値 | 30,426 | 42,960 | 38,376 | 28,080 | 24,000 | 18,360 | 6,000 | 15,129 | 3,840 |
| 下位25% | 24,000 | 34,164 | 28,721 | 22,937 | 20,135 | 12,781 | 2,760 | 11,724 | 2,940 |
| 下位10% | 19,149 | 28,800 | 16,936 | 11,475 | 16,964 | 10,428 | 0 | 9,042 | 2,400 |
| 平均値 | 35,503 | 50,537 | 38,922 | 31,985 | 25,508 | 19,258 | 5,894 | 15,519 | 4,838 |

(出所：DTC役員報酬サーベイ2012調査報告書)

図表7−12■従業員500人以上1,000人未満の企業の金銭報酬総額の水準（全産業）

(単位：千円)

| | 会長 | 社長 | 副社長 | 専務 | 常務 | 取締役・執行役員 | 社外取締役 | 常勤監査役 | 非常勤監査役 |
|---|---|---|---|---|---|---|---|---|---|
| 上位10% | 45,241 | 62,245 | − | 35,552 | 20,891 | 23,160 | 8,340 | 19,778 | 5,340 |
| 上位25% | 39,632 | 51,389 | 41,902 | 32,351 | 19,723 | 17,016 | 6,000 | 14,129 | 3,998 |
| 中央値 | 30,660 | 34,197 | 40,591 | 24,140 | 18,750 | 14,853 | 3,600 | 12,462 | 2,957 |
| 下位25% | 29,520 | 30,732 | 30,345 | 21,576 | 17,775 | 13,200 | 164 | 10,286 | 1,400 |
| 下位10% | 26,054 | 25,793 | − | 19,757 | 12,658 | 10,222 | 0 | 7,710 | 660 |
| 平均値 | 34,753 | 43,055 | 36,965 | 26,177 | 17,937 | 15,888 | 4,150 | 12,748 | 3,015 |

(注) 副社長の上下10％については「−」（非開示）としているが、これは一定の度数を満たしていないためである。

(出所：DTC役員報酬サーベイ2012調査報告書)

図表7-13■従業員500人未満の企業の金銭報酬総額の水準(全産業)

(単位:千円)

| | 会長 | 社長 | 副社長 | 専務 | 常務 | 取締役・執行役員 | 社外取締役 | 常勤監査役 | 非常勤監査役 |
|---|---|---|---|---|---|---|---|---|---|
| 上位10% | 78,436 | 50,398 | 46,452 | 29,700 | 27,891 | 20,000 | 11,207 | 14,520 | 5,400 |
| 上位25% | 46,200 | 39,000 | 33,090 | 26,363 | 21,250 | 16,673 | 6,900 | 12,000 | 3,600 |
| 中央値 | 24,000 | 29,778 | 27,800 | 22,200 | 18,000 | 13,400 | 3,600 | 7,200 | 1,836 |
| 下位25% | 21,600 | 22,243 | 24,150 | 18,596 | 13,745 | 10,800 | 1,494 | 4,533 | 1,200 |
| 下位10% | 16,000 | 18,045 | 20,520 | 12,902 | 12,431 | 8,478 | 0 | 2,586 | 600 |
| 平均値 | 35,731 | 33,071 | 32,320 | 22,221 | 19,349 | 14,269 | 5,538 | 8,302 | 2,515 |

(出所:DTC役員報酬サーベイ2012調査報告書)

## 5 賞　　与

### (1) 業績連動型報酬

　コーポレート・ガバナンスの強化が多くの企業の役員報酬改革における主要課題の1つである。ガバナンスとの関係で,特に重要なのが業績連動型報酬の設計・導入である。では,業績連動型報酬にはどのようなものがあるのか。広義の業績連動型報酬は,短期インセンティブと中長期インセンティブに分けられる。中長期インセンティブについては後述するので,ここでは短期インセンティブに特化して論じる。短期インセンティブとは,短期,通常は単年度あるいは半期を算定基礎期間とし,その期間の業績に応じた対価を報酬として支給するものである。この典型は賞与である。

　なお,平成17年の「役員賞与に関する会計基準」(企業会計基準第4号)により,役員賞与が費用として取り扱われることになったため,旧商法下のように配当可能利益が無ければ賞与が支給できないといった財源規制は無くなった。会社法下では役員賞与の決定手続と剰余金の処分の手続とが制度上切り離されているのである。

## (2) 賞与の種類

賞与には税務の視点から，以下のとおり大きく3種類が存在する。

### イ）事前確定届出給与

これは，「その役員の職務につき所定の時期に確定額を支給する旨の定めに基づいて支給する給与」のうち，納税地の所轄税務署長にその定めの内容に関する届出をしているもの」をいう（法法34条1項2号）。要は，支給額が予め定められている賞与について一定の要件の下，損金算入を認めようとする制度である。「給与」という名称が付いているが賞与の一種である。

この事前確定届出給与として損金算入が認められるためには，先ず，支給金額と支給時期が確定していなければならない。そして，現物給与，支給額の上限が定まっただけの場合，一定の条件を付すことによって支給額が変動するものについては，支給金額が確定したとは認められない（法基通9－2－15）。

また，この届出については，同族会社に該当しない内国法人が，定期給与を支給しない役員に対して支給する年俸または期間俸等については，所定の時期に確定額を支給する定めに基づいている限り不要とされている（法法34条1項2号括弧書，法基通9－2－12）。

そして，事前確定届出給与の届出時期については，以下(1)と(2)に掲げる日のいずれか早い日が届出期限となる（法令69条2項1号）。

この事前確定届出給与は，賞与を損金算入とすることができる点で大きなメリットがある。にもかかわらず，5％程度の企業でしか採用されておらず決して人気があるとまではいえない。これは，（一定の要件の下，賞与の額を変更

**図表7－14■事前確定給与の届出時期**

| | |
|---|---|
| (1) | 株主総会，社員総会またはこれらに準ずる決議により，役員の職務について所定の時期に確定額を支給する旨の定めをした場合におけるその決議をした日（決議日が職務執行開始の日後である場合にはその開始の日）から1ヶ月を経過する日 |
| (2) | 事業年度開始の日の属する会計期間開始の日から4ヶ月を経過する日（保険会社にあっては5ヶ月を経過する日） |

する余地はあるが）事前確定届出給与においては賞与の額を事前に確定させ，かつ，この事前確定額を事前に確定させた時期に支給しなければならないからである（届出通りに正確に支給しなければ，原則として全額損金不算入）。賞与の額を確定させるためには期初の段階で業績予測がある程度正確にできなければならないが，そういった企業は決して多くは無い。つまり，4月末決算の企業であれば，6月末頃に株主総会を実施するのが通常であり，この時点から1ヶ月後（あるいは，会計開始から4ヶ月経過するまで），つまり，7月末までに事前確定給与の届出をしなければならないところ，このタイミングで翌年3月末までの業績を予測することは難しいからである。逆に言えば，業績の予測が容易な企業にとっては採用を検討してみる価値はある。

なお，前期の確定した業績に基づいて事前確定届出給与を利用したいと考える企業もあるが，期ズレが生じるためガバナンス上問題がある。

**ロ）利益連動給与**

① 概　　要

これは，「同族会社に該当しない内国法人がその業務執行役員に対して支給する利益連動給与で一定の要件を満たすもの」をいう（法法34条1項3号）。要は，利益連動給与は業績連動型の賞与でありつつも一定の場合に損金算入が認められる制度である。事前確定届出給与と同様，支給時期や支給額等について会社による利益調整の余地が排除されていることから，例外的に損金算入が許容されている。利益連動給与として損金算入が認められるためには，以下の要件を充足する必要がある。

② 損金算入の要件

　ⅰ）対象法人（法法34条1項3号）

利益連動給与を支給する法人は「同族会社」に該当しない法人に限定される。持株会社の子会社等の「非同族の同族会社」は「同族会社」に該当することから損金算入の要件を満たさない。

　ⅱ）支給対象者（法法34条1項3号）

利益連動給与の支給対象者は，法人税法施行令第69条で定める「業務執行役

員」に限定されている。また,「すべての業務執行役員」を対象として後述のⅲ)からⅴ)の要件を満たす利益連動給与を支給することを要件としている。

よって,一部の業務執行役員に支給対象を限定している場合や,全ての業務執行役員が支給対象であったとしても一部の業務執行役員についてⅲ)からⅴ)の要件を満たさない場合には,すべての利益連動給与の損金算入が認められない。

　ⅲ)　算定方法（法法34条１項３号イ）

利益連動給与の算定方法は,当該事業年度の利益に関する指標を基礎とした客観的なものでなければならない。この指標は,金融商品取引法による有価証券に記載されている利益をベースとする客観的な算定方法でなければならない。純資産や株価などの利益以外の指標を使う算定方法,予算数値と対比させた指標を使う算定方式等は客観性にかけると考えられるので,損金算入は認められない。金融商品取引法による有価証券報告書提出会社に限定されてしまう結果,上場企業および非上場の有価証券報告書提出法人に限定されることになる。

　具体的には,以下の３要件を充足する必要がある。

**図表７−15■算定方法に係る要件**

| | |
|---|---|
| (1) | 「確定額を限度としている算定方法」であり,かつ「他の業務執行役員に対して支給する利益連動給与に係る算定方法と同様のもの」であること |
| (2) | 算定方法が当該事業年度開始後３ヶ月以内に下記の手続きのいずれかを経て決定されていること。<br>　イ　報酬委員会（その法人の業務執行役員または業務執行役員と一定の特殊の関係にある者がその委員になっているものを除く。）の決定<br>　ロ　株主総会（委員会設置会社を除く。）の決議<br>　ハ　報酬諮問委員会（委員会設置会社を除く。）に対する諮問その他の手続を経た取締役による決議<br>　ニ　監査役会設置会社（業務執行役員と一定の特殊の関係にある者が監査役になっている会社を除く。）の取締役の決議による決定（監査役の過半数が算定方法につき適正と認められる旨の書面を提出したものに限る。）<br>　ホ　ロ,ハ,およびニに準じる手続 |
| (3) | 算定方法の内容が(2)の決定または手続の終了後遅滞なく,有価証券報告書等に開示されていること |

(1)については，具体的な上限額が示されていなければならず，法人税基本通達9－2－18によれば，「法第34条第1項第3号イ(1)《損金の額に算入される利益連動給与》の「確定額を限度としている算定方法」とは，その支給額の上限が具体的な金額をもって定められていることをいうのであるから，例えば，「経常利益の○○％を限度として支給する。」という定め方は，これに当たらない」，としている。

また，(1)に要件として，「他の業務執行役員に対して支給する利益連動給与に係る算定方法と同様のもの」が挙げられている。しかし，業務執行役員全員に同一の算定方法を適用しなければならないわけではなく，役員の職務内容別または個人毎に異なる利益指標を用いても，算定方法が合理的であれば損金算入が認められる余地がある。

**図表7－16■有価証券報告書上の開示例（石原薬品株式会社）**

（利益連動給与の算定方法）
・支給算定：① 利益連動給与支給額＝取締役月額給与額×利益連動給与支給月数
　　　　　　② 利益連動給与支給月数は，当該年度の利益連動給与算入前当期純利益（以下Xとする。）と前年度の利益連動給与算入前当期純利益（以下Yとする。）により算定した下記のテーブルに従い決定した月数とする。
　　　　　　　なお，限度額は取締役月額給与額に支給月額4ヶ月を乗じた額とする。
・利益連動給与支給月数決定テーブル：

| 判定基準 | 支給月数 |
|---|---|
| 1.05Y＜X | ……4ヶ月 |
| 1.00Y＜X≦1.05Y | ……3ヶ月 |
| 0.70Y＜X≦1.00Y | ……2ヶ月 |
| 2億円＜X≦0.70X | ……1ヶ月 |

　なお，業績に大幅な変動があった事業年度の翌期の判定基準は見直しを行う。

（出所：石原薬品株式会社第74期［平成23年4月1日から平成24年3月31日］有価証券報告書）

(3)については，株主総会終了後に提出される有価証券報告書への記載が求められるが，四半期報告書，臨時報告書または証券取引所の適時開示情報（TDnet）への記載も許容されている（法法34条1項3号イ(3)，法規22の3第3項）。

　ⅳ）支　払　日

　利益連動給与は，利益指標の数値が確定した後1ヶ月以内に支払われ，または，支払われる見込みでなければならない。

　また，利益指標の数値が確定する時期は，定時株主総会において計算書類の承認または報告があった時（法基通9－2－20）なので，損金算入要件を充足する利益連動給与支給は年1回に限定される。

　ⅴ）損　金　経　理

　損金経理（法法2条の定義規定）を要件とするので，会社は利益連動給与の算定方法が適用される年度の決算期末において，支給する予定の利益連動給与額を未払い計上することが必要となる。

　上場企業等においては，会計上の要請から，賞与の支給に関し当期分の見積額を賞与引当金として計上するところが多い。しかし，役員賞与の支給金額の確定がその事業年度の期末後に開催される定時株主総会の決議事項とされている場合には，利益連動給与について引当金処理を行っても，「債務が確定した」ことにならず，損金算入は認められないことになる点に注意を要する。

③　利益連動給与の使い勝手

　利益連動給与は，会社業績との連動性を有すること，および，年俸を変動化する方法のように期ズレしないことからガバナンスに資する。さらに，上記要件を充足することによって損金算入ができることから税務上の視点からも評価できる。

　しかし，利益連動給与を導入するためには上記算定式を有価証券報告書等において開示しなければならず，その結果，事実上取締役個人に対していくらの賞与が支給されたのかが明らかになってしまうことになる。この点，取締役の個人別支給額が明らかになることはディスクロージャー上好ましいことではあ

る。しかし，取締役の報酬については総額1億円以上の役員を除いては，実際には取締役報酬総額という形でしか報酬が開示されていないことが多く，つまり，個々の取締役の支給額は個別には明らかになっていないという現状がある。そういった中で取締役個人の支給賞与額が事実上個別に開示されてしまうことに対しては抵抗感を持つ取締役も少なくない。また，利益連動給与の算定方法において利用できる利益指標はある程度限定されており，株価のような利益以外の指標を使うことは認められておらず，やや使い勝手に欠ける。こういった現状を受け，利益連動型給与の導入率は10％弱に留まっている。

　ハ）損金不算入型（決算）賞与

　役員賞与のうち，事前確定届出給与にも利益連動型給与にも該当しない賞与は，損金不算入となる。

　損金不算入となる点は税務の視点からは必ずしも好ましいとはいえないが，反面，事前確定届出給与や利益連動給与の要件から開放される点で設計の自由度が高い。実際，賞与を導入している企業の大部分が現時点でこの損金不算入型（決算）賞与を導入しており，最も利用率の高い賞与といえる。

## (3) 損金不算入型（決算）賞与の設計等

　上述の不算入型賞与について，これを設計する視点から以下，検討する。

　イ）決算賞与の類型

　そもそも決算賞与の建付けにも種々考えられるが，概ね，以下の2つの方法に分類できる。1つが一定の財務指標を基準としてその達成率に応じて賞与を支給する方法（$\alpha$），もう1つが，純利益等の一定の原資の一定割合を賞与として確保し，これを配分して支給する方法（$\beta$）である。両者は一見異なるが，実際には前者についても純利益の発生を停止条件とすることも多く，また，支給の上限額を設定することが通常で，その結果，両者はかなり接近している。

　（$\alpha$）の業績達成方式の例としては，例えば，経常利益の前年期比の数値に対応する形で賞与の総支給額を決定する方法が挙げられる。実際には，前年期比に応じた支給額を期初に決定し支給額表という形にし，これを必要に応じて

見直すことが多い。各取締役への具体的な支給金額は，支給額表に記載された総額に役位別の一定の比率（あるいはこれと併用する形で各取締役の業績も考慮）を乗じて決定される。

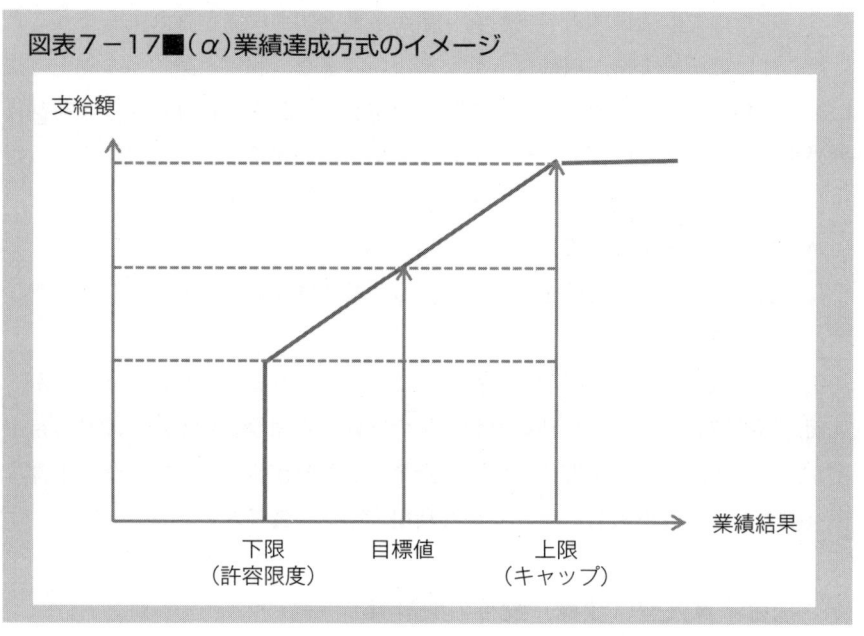

**図表7-17■（α）業績達成方式のイメージ**

縦軸：支給額
横軸：業績結果

横軸の区分：下限（許容限度）／目標値／上限（キャップ）

（β）の利益分配（プロフィットシェアリング）方式の例としては，例えば，当期利益の1％を取締役賞与の原資とし，これを役位別の一定の比率（あるいはこれと併用する形で各取締役の業績も考慮）で配分する方法が挙げられる。役員賞与は，平成17年の商法改正前までは利益処分として取り扱われていたが，（β）は利益処分の発想に類似した方式という説明も可能であろう。

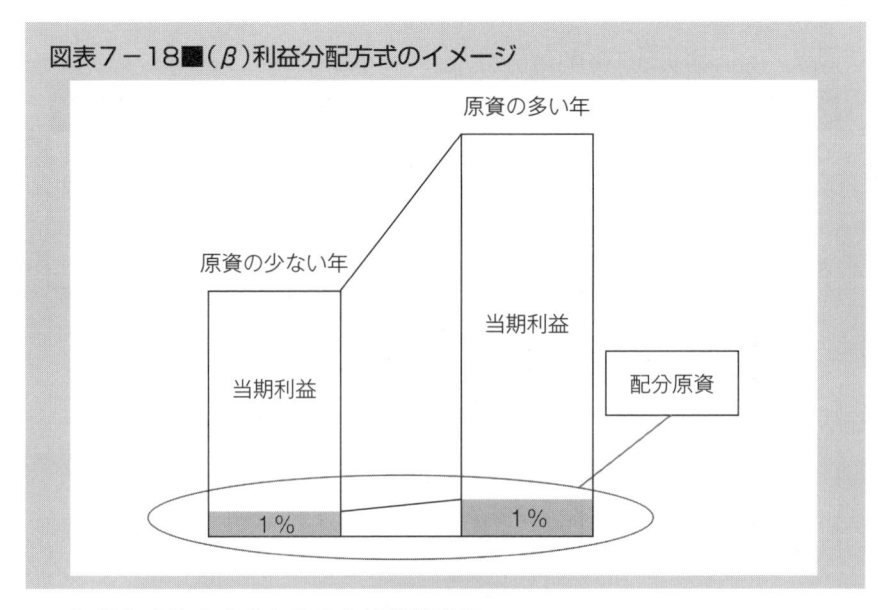

### 図表7-18 (β)利益分配方式のイメージ

原資の多い年
原資の少ない年
当期利益
当期利益
配分原資
1%
1%

### ロ) 賞与を決定するための会社業績指標

(β)の方式を利用する場合には，理屈の上では他の指標も考えられるが，実際上は当期利益をベースとした指標以外は考えにくい。しかし，(α)の方式を利用する場合には，無数の業績指標が想定される。そこで，賞与の算定基礎となる会社の業績指標としてどのようなものがあるのかを検討する。

先ず，財務指標としては，損益計算表に記載されている，売上高，売上高総利益，営業利益，経常利益，当期利益がある。そして，これらの指標を絶対値として利用することも可能である。例えば，経常利益が10億円以上13億円未満の場合には総額1億円の賞与を支給するといった利用方法である。また，前年期比というかたちで利用することも，もちろん，可能である。例えば，同じく経常利益を用いるのであれば経常利益の前年期比が10％増であれば総額1億円を支給するといった利用方法である。

財務指標をベースとした指標としては，大きく収益性指標，効率性指標，成長性指標がある。以下は，これらの指標の内容等になる（図表7-19から7-21参照）。

## 図表7-19■収益性指標の例

| 指　標 | 算出方法 | 内容／説明 | 妥当する業態／企業(例) |
|---|---|---|---|
| ①売上総利益率（粗利率） | 売上高総利益／売上高 | ・商品やサービスの付加価値を表す指標である。<br>・粗利率が高いということは，マーケティングや営業で優れているとか，ブランド力がある商品やサービスを提供できていることを意味する。 | ・薄利多売型の戦略ではなく，利益を重視する企業 |
| ②営業利益率 | 営業利益／売上高 | ・企業の本業の利益獲得能力や収益力を表す指標である。<br>・営業利益率は業種によって大きな差があるため，自社の営業利益率と比較する際は，同業種と比較しなければ余り意味がない。 | ・全産業<br>・選択と集中を進め，本業に特化しようとする企業 |
| ③経常利益率 | 経常利益／売上高 | ・企業の総合的な実力である利益獲得力ないし収益力を示す指標である。 | ・全産業<br>・不動産，貸付金，関連会社株式を多く保有している企業，典型的には，不動産業や金融業において企業の総合的な収益力を見るケース |
| ④当期純利益率 | 純利益／売上高 | ・企業の全ての経営活動結果の利益獲得能力や収益力を示す指標である。すなわち，企業の配当原資や株主資本の増加にどれだけ貢献しているかを表す指標である。 | ・配当性向を重視する企業<br>・なお，電気，ガス，陸運業では，一般的に配当性向が高い |

| | | | |
|---|---|---|---|
| ⑤販管費率 | 販管費／売上高 | ・低ければ低いほど，販売活動や管理活動の費用である販売費及び一般管理費が少ないことを表す指標である。 | ・収益性を改善したい全産業<br>・労働集約型の業種 |
| ⑥EBITDAマージン | EBITDA／売上高（EBITDA＝営業利益＋減価償却費・償却費） | ・国ごとに減価償却に係る会計基準の違いによる見かけ上の企業の利益格差を最小限に抑える指標として利用されることが多い。<br>・FCFに近い概念であることから，FCFの代替として簡便的に使われることもある。 | ・グローバル企業が，外国の同業他社と比較する場合<br>・通信業界や電力，鉄道，航空業界など，利益水準に比べ設備投資の額が大きい業界に妥当する傾向がある<br>・ワールド・コムによる不正経理以後，敬遠されることが多くなった |

### 図表7－20■効率性指標の例

| 指標 | 算出方法 | 内容／説明 | 妥当する業態／企業（例） |
|---|---|---|---|
| ①ROA | 営業利益／総資産 | ・企業が保有する全ての資産を活用して，事業でどれだけ効率的に利益を上げているのかを表す指標である。 | ・固定資産の多い業種（例えば，製造業） |
| ②ROE | 当期純利益／株主資本 | ・どれだけ株主資本を活用して効率的に利益を上げているのかを表す指標である。<br>・ROEは株主の持分に対する利益の割合を示すことから，業態の違いにとらわれずに企業間の比較ができる。 | ・株主利益を重視している姿勢を出したい企業 |

### 図表7-21 成長性指標の例

| 指　標 | 算出方法 | 内容／説明 | 妥当する業態／企業(例) |
|---|---|---|---|
| ①売上高成長率 | （当期売上高－前期売上高）／前期売上高×100 | ・企業の成長性，企業規模の拡大をはかる指標である。<br>・過去数年間の推移を見ることが望ましい。<br>・市場の成長率との対比において見る必要がある。 | ・成長率に特に関心のある企業<br>・M&Aを繰り返す企業<br>・業界第1位の企業 |
| ②営業利益成長率 | （当期営業利益－前期営業利益）／前期営業利益×100 | ・企業の本業での利益の成長率を客観的に表す指標である。<br>・過去の推移を見る必要がある。 | ・本業での成長率に特に関心のある企業<br>・選択と集中を進めている企業 |
| ③経常利益成長率 | （当期経常利益－前期経常利益）／前期経常利益×100 | ・企業の総合的な実力である利益獲得力ないし収益力の成長率を客観的に表す指標である。<br>・過去の推移を見る必要がある。 | ・企業全体としての成長率に特に関心のある企業<br>・不動産，貸付金，関連会社株式を多く保有している企業 |

ハ) 業績指標の決定方法

上記のとおり，業績指標には種々あるところ，どの業績指標を賞与の算定基礎とすべきについては以下の視点が重要である。

第1に，株主利益の視点である。株主利益を重視するということは，株主と取締役の利害がなるべく一致しなければならない。そこで，理論上は，株価と比較的相関の高い指標が望ましいといえる。もっとも，現実には，株価は将来の期待成長率，期待収益，期待リスク等，種々の要素に基づいて決定されると理解されており，単一のヒストリカルな会社業績には有意義な相関関係を見出しにくい。したがって，現実的には，当該企業株価が資本市場からどのように評価されているのかを分析し，当該指標を業績指標として採用することが考え

られる。具体的には，当該企業をカバーしている株式アナリストとの議論を通じて確認していくこととなる。例えば，商社についてはＰ／Ｂ（株価純資産倍率）やＰ／Ｅ（株価収益率）で評価されることが多いため，純利益や，税引前利益（部門の場合）が候補となる。製造業等，ＥＶ／ＥＢＩＴＤＡ倍率で評価されることが多い企業についてはＥＢＩＴＤＡ等（但し，近年は収益の低迷から，株価純資産倍率による評価が多く見受けられる。），業種に応じた指標の採用が必要となる。仮に株式アナリストがカバーしていない場合は，ベンチマーク企業の株価評価指標を採用することとなるであろう。

第２に，経営戦略の視点がある。多くの企業は中期経営計画の形で目標となる財務指標を明示しており，その指標を採用することで経営戦略との整合性を図ることが可能となる。例えば，海外での成長を目指す企業では，海外売上高成長率，小売であれば店舗単位面積当たり売上高，航空会社であれば，有効座席マイル当たりの旅客収入等が該当する。その他，財務指標だけではなく，顧客満足度等の非財務指標も検討対象となり，特に上記株主利益の視点の場合は全社的な指標が対象となりやすいことと比較し，部門業績を測定する上で柔軟な運用が可能となる。

第３に，役員の動機付けの視点がある。前述の指標の中には，全社的な業績に責任を持つ立場であれば適切である一方，ある一定の機能にのみ責任を持つ立場の場合は，自身の努力だけではどうしようもないケースも存在する。したがって，当該役員の役割・責任と直接的にリンクする指標を採用することが必要となる。例えば，金融機関のオペレーション部門担当役員であれば，売上関連指標は明らかに関連性が低いと想定され，その場合，担当従業員一人当たり処理件数や契約書不備率等が考えられる。

実際には，上述の視点を組み合わせて運用されることが多いように見受けられるが，重要なのは，あまり複雑なスキームとなりすぎず，ステークホルダーにとっても透明性の高い指標を用いて，役員に対して納得性の高い指標を用いることであろう。

さらに，役員の動機付けを重視すると，単なる財務指標ではなく，ＫＰＩ

(Key performance indicator)の利用も考えられる。ＫＰＩとして財務指標を用いるのだとすれば上述の財務指標とは別にＫＰＩを持ち出す意味は無いが，ＫＰＩに財務から離れた指標まで含めるのであればＫＰＩを持ち出すことに意味を見出すことができる。ＫＰＩには，定量的なもの（例えば，貸倒引当金）から定性的（例えば，既存の顧客の満足度）なものまであり，財務指標を達成するための中間項的な指標（例えば，総店舗数）をＫＰＩとして設定することが可能である。つまり，ＫＰＩを上手く利用することによって役員の頑張りを反映しやすい業績指標を設定することが可能となるわけである。殊に，財務指標だけではなかなか役員の貢献が反映されにくい企業においてはＫＰＩの利用を検討する価値がある。ただし，ＫＰＩは外部からは見えにくいため，上手く説明しないと株主から納得を得られにくいというデメリットがある。また，（本来は，中間項と結果との間には強い関連性がなければならないが）中間項的な指標と結果との間にズレがある場合，役員が結果責任を負っていないと評価される可能性がある。さらに，ＫＰＩを達成したものの当期利益が出ていないケースでは結局賞与が支給できないことになる。

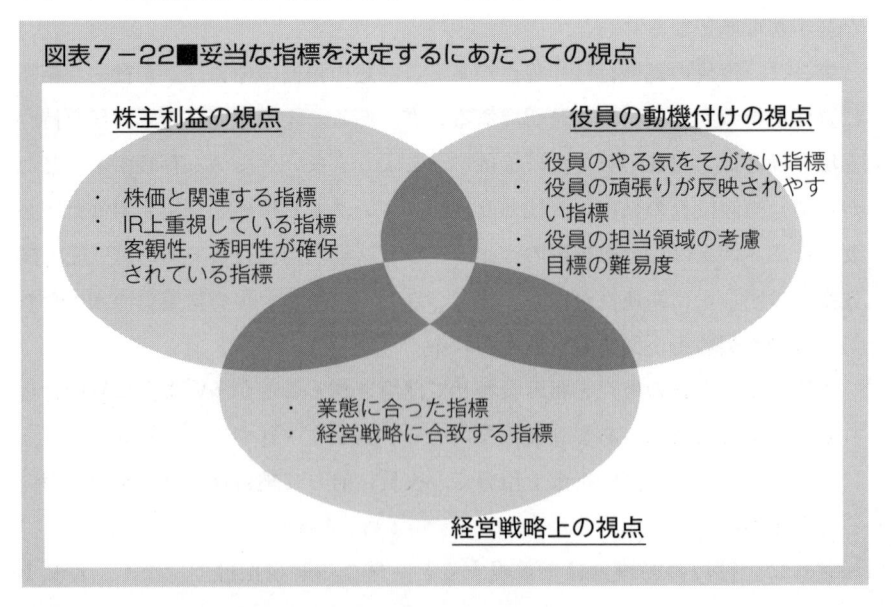

**図表７−22■妥当な指標を決定するにあたっての視点**

**株主利益の視点**
- 株価と関連する指標
- IR上重視している指標
- 客観性，透明性が確保されている指標

**役員の動機付けの視点**
- 役員のやる気をそがない指標
- 役員の頑張りが反映されやすい指標
- 役員の担当領域の考慮
- 目標の難易度

- 業態に合った指標
- 経営戦略に合致する指標

**経営戦略上の視点**

以上から，財務指標だけで役員の動機付けを図ることができる場合にはあえてKPIを利用する必要性は高いとはいえないが，そうでない場合には，財務指標と併用するかたちでKPIを利用することも想定される。

業績指標には種々あるが，実際日本においてどの業績指標が最も利用されているのかといえば，売上高，営業利益，経常利益，純利益をベースとした指標とされている。

これらの指標は，米国においても同様に多用されているが（米国会計基準上，経常利益という指標は存在しないためこれは除外される。），これらに加えて，EBITDAやキャッシュ・フローが多く利用されている。

図表7-23■業績評価に実際に利用されている業績指標

| 業績指標 | 導入率 |
| --- | --- |
| ROE | 7% |
| ROA | 10% |
| EVA | 7% |
| 売上高 | 40% |
| 売上総利益 | 7% |
| 営業利益 | 37% |
| 経常利益 | 7% |
| 純利益 | 43% |
| 売上高営業利益率 | 7% |
| 売上高経常利益率 | 3% |
| キャッシュ・フロー | 7% |
| 株価，時価総額 | 10% |
| その他 | 7% |

（注）導入率が合算で100％を超えているが，これは複数を選択している企業が含まれているためである。
（出所：DTC役員報酬サーベイ2012調査報告書）

### 二）具体的な業績目標値の設定

　業績指標を決定した後は，具体的な目標値の設定に入ることになる。通常は，単年度の経営計画と整合する目標値が設定されることになる。ただし，経営計画自体が妥当性を欠く場合には，それに対応すべく業績目標も修正する必要があることは当然である。

　経営計画において，例えば，経常利益を前年期比で10％増加させるという目標が設定されていたとする。この場合の標準賞与額をどのように設定すべきか。

　この点については，役員報酬の方針，さらには，報酬の構成比率の方針から導出すべきである。短期決済型で，かつ，支給確率が低いインセンティブを志向するといった賞与重視の方針を採用する企業のケースではある程度多額の賞与，例えば，年俸と同額程度の賞与を支給することも考えられる。年俸3,000万円の会社であれば目標を達成すると3,000万円が支給されることになる。

　ところで，どの程度の達成率を下限（許容限度）として（例えば，5％増）賞与を支給するのかについては検討を要する。多くの企業においては取締役の感覚で「なんとなくこのあたりが許容限度だろう」と決定することも少なくない。しかし，投資家対策を考えると，その許容限度を可及的に説得的に固めていく必要がある。そのためには，過去の財務数値や競合他社の状況を勘案して最低限の数値を設定すべきといえよう。

　また，賞与が支給される目標となる基準目標と下限の幅（図表7－24でいえば，10％から3％まで）の設計方法だが，過去の業績の振れ幅が大きい企業であればあるほど，賞与の支給確率が下がる（取締役から見るとリスクが増える）わけであるから，基準目標と下限の幅を大きく設定すべき方向に働き，逆に，振れ幅が小さい企業であればあるほど，その幅を小さく設定すべき方向に働く。

図表7-24■業績目標と賞与支給率の例

| 業績目標（成長率） | | 賞与支給率 |
|---|---|---|
| 未達 | 3%未満 | 0% |
| 下限 | 3%以上5%未満 | 30% |
| やや未達 | 5%以上10%未満 | 50% |
| 基準目標 | 10% | 100% |
| 達成 | 10%以上15%未満 | 150% |
| 上限 | 15%超 | 200% |

ホ）業績評価の方法

業績評価指標が決定したとして，これをどのような方法で評価，あるいは，測定すべきか。

そもそも業績評価指標が財務指標の場合にはその評価方法は，通常，問題とはならない。財務指標は明確でその評価が不要だからである。ただし，達成した程度に応じた評価結果（それが良い数値なのかどうか）については予め決定

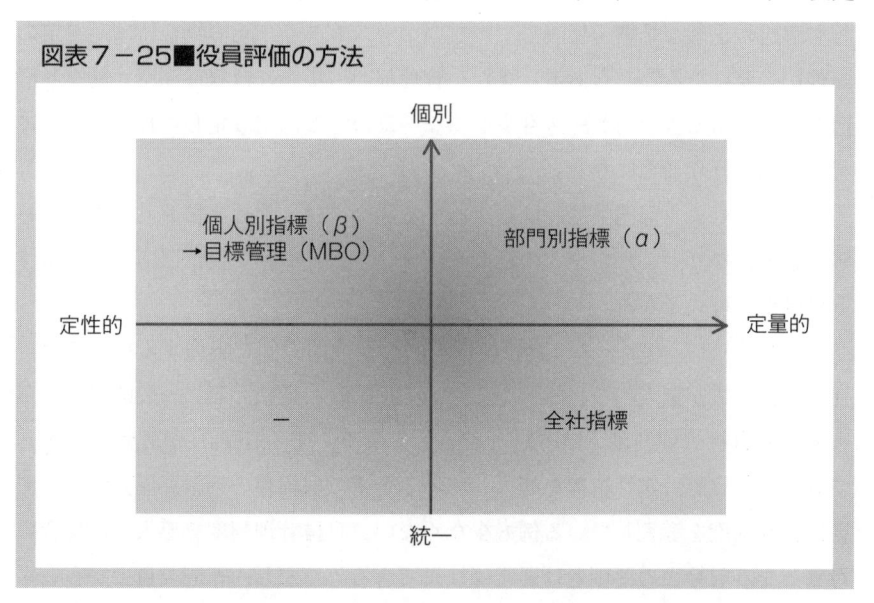

図表7-25■役員評価の方法

```
                    個別
                     ↑
     個人別指標（β）    │   部門別指標（α）
     →目標管理（MBO）   │
                     │
  定性的 ──────────────┼──────────────→ 定量的
                     │
         ―           │       全社指標
                     │
                     ↓
                    統一
```

しておく必要がある。

　そして，そのためには，業績評価をどの単位で評価するのかについて検討しなければならない。そもそも，財務指標で取締役の評価を実施するとしても，全社業績だけで評価をすれば足りるのか，部門単位で評価すべきなのか，あるいは，個人別の評価まで実施すべきなのかの問題である。

　取締役という立場にあったとしても社長以外の取締役は特定の事業部しか担当していないことが少なくなく，これらの取締役については，全社業績の評価だけでなく担当部門の評価を実施することが望ましいこともある。この場合，「担当部門の評価＝取締役個人の評価」になるのが通常である（$a$）。しかし，会社によっては「担当部門の評価≠取締役個人の評価」というケースや「担当部門の評価＝取締役個人」の評価なのだが評価対象に個別的な定性評価指標を入れている場合もあり，別途取締役個人の評価を実施した方が良いケースもある（$\beta$）。

　（$a$）における部門評価（＝取締役個人評価）は，当該部門の管理会計上の数値が利用されるのが通常である。ただし，企業によっては部門の数値が必ずしも部門の正確な業績を反映していないケースもあり，その場合には，一定の調整が必要になることもある。また，管理部門の場合には収益部門と異なり部門業績が利用できないケースも少なくないため，部門で設定したＫＰＩを基に業績評価を行うことになる。

　いずれにせよ，部門業績評価を実施する場合には，全社業績評価と併せた評価が必要になり，これらをどの程度考慮すべきかについて役位に応じたウェイト付けが不可欠となる。

　そして，（$\beta$）のケースにおいて個別的な定性的評価を実施する場合には，通常評価対象が個人的な目標となるため，従業員の業績評価に一般的に用いられている目標管理制度（MBO, management by objectives）が評価方法として有用で，実際，定性指標を導入している企業で取締役の業績評価方法として目標管理制度を導入している例も少なくない。目標管理制度を導入する場合，対象となる取締役の評価者は通常は社長である。ただし，報酬委員会が存在す

る場合には，報酬委員会が関与することになる。

**図表7－26■業績評価のウェイト付けの例**

| 役　位 | 業　　　績 | | |
|---|---|---|---|
| 社長 | | | |
| 専務 | | | |
| 常務 | | | |
| 取締役 | | | |

図表7－26は全社業績，部門別業績，および，個人別業績（定性的評価を実施する場合）のウェイト付けの例である。■が全社業績，□が部門別業績，□が個人別業績を表す。

**図表7－27■監査役会設置会社Ａ社の取締役業績評価制度の例**

| 役　位 | 業績の内容 | 業績指標 | 評価主体 | 評価方法 |
|---|---|---|---|---|
| 代表取締役社長 | 全体業績 | 【全体業績】単体・連結経常利益目標の達成率（中央値：前年実績） | 全社指標に従って自己評価（報酬委員会による評価） | 定性的な目標は含めず，目標管理制度は導入しない。 |
| 代表取締役専務執行役員 | 全社業績 | | 社長による評価（報酬委員会の関与） | |
| 取締役執行役員 | 全社業績＋部門業績 | 【部門業績】単体（25％）・連結（25％）の事業部直接管理利益達成率＋中期経営計画達成度（50％） | 社長による評価（報酬委員会の関与） | 定性的な目標を部門業績に含める。この点は目標管理制度で対応する。 |
| 執行役員 | 部門業績 | | 取締役ないし社長による評価（報酬委員会の関与） | |

# 6 中長期インセンティブ

## (1) 中長期インセンティブとは

　中長期インセンティブとは，中長期の株価ないし会社業績等の中長期指標に基づいて支給されるインセンティブ報酬をいう。中長期インセンティブは，インセンティブ報酬の中でも，「個人」というよりは「会社全体」の業績を重視することが多い点に特徴がある。そのため，短期的な業績を動機付けるツールとしての短期インセンティブと上手く組み合わせることによって多様な効果を狙うことが可能となる。勿論，会社業績と連動させずに個人業績と連動させる設計も可能である。

　また，中長期インセンティブの特徴として「過去の業績」ではなく「将来の業績」に対するインセンティブとして位置付けられることが多い。

　中長期が具体的にどの程度の期間を意味するのかについてはもちろん決まりは無いが，一般的には3年から10年程度といわれ，3年から5年が中期，それ以上が長期とされる。ビジネス・ドメインが変化しにくい企業と変化しやすい企業の対比においては前者の方が後者より中長期の期間が長くなり，後者では短くなる傾向にある。

　中長期インセンティブには，業績指標として何を用いるのかによって株式連動型報酬と非株式連動型報酬に分かれる。前者は，ストックオプションが典型であるが，同じく株価に連動しつつも株式そのものが支給されないSARs（stock appreciation rights）等のスキームも存在する。後者は，業績指標として株価以外の指標を使うものである。パフォーマンス・ユニットのように付与対象者に予め一定数のユニットを与え，一定の期間経過後に株価以外の，例えば，財務指標をベースとした算定式に基づいて現金を支給するスキームが典型である。

## 図表7-28■グローバルに存在する中長期インセンティブの類型

| 連動指標 | 形態 | 名称 | 内容 |
|---|---|---|---|
| 株価 | 株式 | ストックオプション | 株式を予め定められた一定の価格で購入できる権利である。権利行使価格を時価以上に設定する通常ストックオプションと権利行使価格を1円に設定する株式報酬型ストックオプションが典型である。近時は,有償ストックオプションと呼ばれる公正価値を払い込む形式のストックオプションも登場している。 |
| | | RS(Restricted stock) | 譲渡制限付株式と呼ばれるもので,無償で実株を付与するスキームである。ただし,一定期間,例えば,3年間株式を譲渡することができないよう制限がかけられるのが通常である。 |
| | 現金 | ファントム・ストック | 仮想の株式を付与し,付与対象者が権利行使した時点での株価相当の現金が付与される。 |
| | | SARs(Stock appreciation rights) | 権利行使価格と権利行使時の株式の時価の差額が現金で支給される。 |
| | 選択式 | RSU(Restricted stock unit) | 一定数のユニットを付与し,中長期の業績に応じてユニットが現金または株式に換算される。株式か現金かの選択権は付与対象者にある。 |
| 業績 | 株式 | パフォーマンス・シェア | 一定数のユニットを付与し,中長期の業績に応じてユニットが株式に換算される。 |
| | 現金 | パフォーマンス・ユニット | 一定数のユニットを付与し,中長期の業績に応じてユニットが現金に換算される。なお,現金と株式の選択式とすることも可能である。 |
| | | Deferred compensation | 後払い賞与のことで,単年度の業績に応じて支給されるべき賞与を複数年に分割して支給する。 |

譲渡制限付株式やパフォーマンス・シェアについては欧米では一般的な制度であるが日本では一般的ではない。信託を利用する等，特殊なスキームを利用しない限りは，特に上場企業において導入にあたって問題が生じる可能性がある点に注意を要する。また，Deferred compensation（後払い賞与）についても日本では税法上の問題が生じる。

## (2) 株式連動型報酬
### イ）通常ストックオプション

　ストックオプションとは，会社の役員・従業員等が会社の株式を一定の価格で一定の期間内に購入することができる権利である。日本では1997年から旧商法において解禁され，ビジネスマンであれば聞いたことの無い人はほとんどいないであろう。ただ，イメージは人それぞれで，ネットバブルでの成功体験のある方は億万長者になれるかもしれないという夢のある制度というイメージかもしれないし，エンロン事件の印象を強く持っている人からすると株価操作に繋がるネガティブな制度というイメージを持っているかもしれない。マイクロソフトは2003年にストックオプションを廃止しているが，その際，ビル・ゲイツ氏はストックオプションを導入したことを後悔しているとの趣旨のコメントをしている。ストックオプションに対してネガティブなイメージを持っていることは明らかであろう。

　このストックオプションは，会社法上は新株予約権に位置付けられる。会社法上の新株予約権は必ずしも役員や従業員といった個人に対して割り当てることだけが予定されているわけではなく，会社間での割り当ても予定されている。ただ，新株予約権ではなくストックオプションという名称を用いる場合には，新株予約権をインセンティブ報酬として役員や従業員に割り当てられる場合を指すのが通常である。

　ストックオプションの仕組みを時系列に見ていくと（図表7－29参照），例えば，X社がA氏に1年後から5年後までの間にX社の株式を1株1,000円で購入できる権利（ストックオプション）を20個（1個＝100株分で20個なので

2,000株分）割り当てたとする。そして，割当日から２年経過して，X社の株価が1,500円に上昇した。この場合，A氏が「確実にもっと値上がりする」と考えれば権利行使をしないのが通常であろう。ところが，「値上がりするかもしれないし下がるかもしれない」と考えれば，例えば，半分の10個（1,000株）だけ行使するかもしれない。この場合，理屈の上では，10個（1,000株分）×1,000円＝1,000,000円で1,000株を購入し，そのまま保有しつつ更なる値上がりを待つことも考えられる。しかし，このままだと未実現利益（①）は生じているものの，確定的な利益は生じていない。仮に株価が下落すれば未実現利益を失う可能性があるし，最悪，権利行使価格を割る可能性もある。そのため，権利行使した時点で即売りをかけ，利益を確定させることが多い。仮に，A氏が「これ以上株価が上がることは無い」と考えた場合には，20個（2,000株分）全てを権利行使し，購入した株式を即売却することになる。この場合，（1,500円－1,000円…①）×2,000株＝1,000,000円のストックオプション・ゲインが生じる。ちなみに，株価が1,500円の時点で権利行使をし，1,700円になった時点で売却した場合，行使の時点で①の未実現利益が生じ，売却の時点

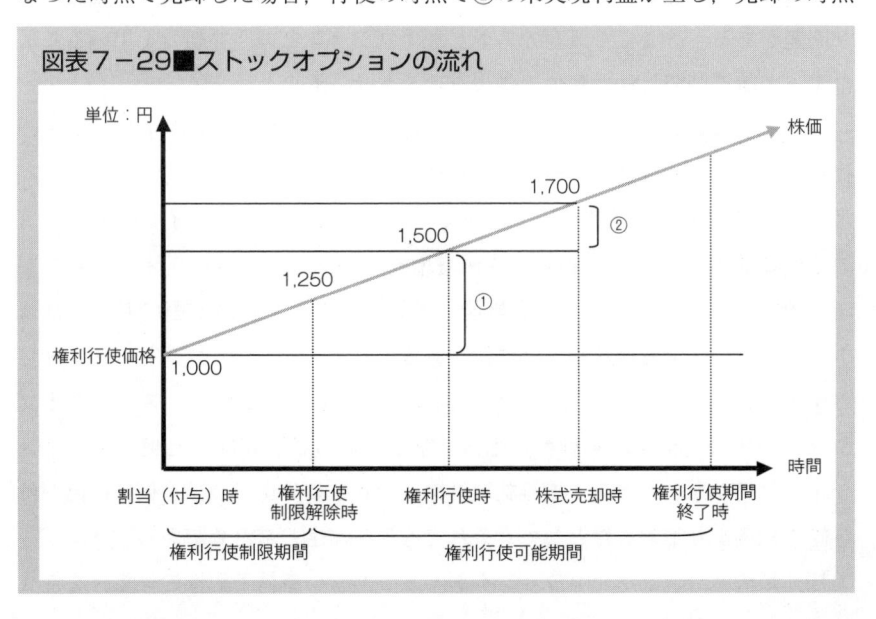

図表７－29■ストックオプションの流れ

で②の売却益が生じることになるが，結局のところ①＋②の確定利益を得ることになる。ちなみに，①と②を分ける意味は，個人の課税関係と関連するためである。

　ストックオプションの会計，税務，設計については後述する。

**ロ）株式報酬型ストックオプション**

　株式報酬型ストックオプションとは，権利行使価格を1円に設定しているストックオプションである。1円ストックオプションとも呼ばれる。通常，ストックオプションの権利行使価格は割当日を含む割当日に近い一定期間の株価をベースにして決定される。しかし，株式報酬型ストックオプションは権利行使価格を1円としているために権利行使時の利益としては権利行使時の株式時価から1円を引いたものになり，株式の時価とほぼイコールということになる。これは，米国等で導入されている譲渡制限付株式（restricted stock）という実株を一定の条件付で付与するスキームと実質的に同じ効果を狙うものという整理も可能である。つまり，1円を振り込ませるという迂遠な方法ではなく，よりシンプルに無償で実株を付与する方法も考えられるが，日本では上述の通り問題がある。そこで，既存のストックオプションという枠組みを用いることによって譲渡制限付株式類似の効果を生じさせるものといえる。

　この株式報酬型ストックオプションは，役員退職慰労金を廃止した場合の代替手段として平成15年頃から利用されるようになった。しかし，最近では，単なる退職慰労金の代替手段ではなく，より積極的に中長期インセンティブの1つのスキームとして利用する例も増えつつある。ストックオプションがインセンティブとして必ずしも機能していないことから，米国においてはストックオプションと譲渡制限付株式，あるいは，ストックオプションとＲＳＵ（restricted stock unit）を併用する例が増えている。これは，ストックオプションの場合，株価が権利行使価格を割っている状態が続くと何らインセンティブ効果がないところ，譲渡制限付株式やＲＳＵの場合には，仮に株価が付与時の株価より下がったとしてもそれでも利益が生じるためである。

　株式報酬型ストックオプションもあくまで通常の新株予約権の枠組みを使う

スキームであり通常のストックオプションとは構造的な違いは無い。しかし，主として以下のような相違点がある。

第1に，株式報酬型ストックオプションは，権利行使価格が付与時の時価未満に設定されるため税制適格を取ることができない。この点，通常のストックオプションの場合には，「権利行使価格を付与時の時価以上に設定しなければならない」という要件以外の税制適格要件を充足すれば優遇措置が得られる可能性がある点が異なる。

第2に，株式報酬型ストックオプションは，「役員退職慰労金に代わるもの」等の明確な理由が無い限り，株主（ないしは投資家）から理解を得るためには積極的な説明が必要となる。これは，株式報酬型ストックオプションが通常のストックオプションと比較してより大きな株式の希薄化（ここでは，経済的意味での希薄化を指す。）を引き起こすためである。また，仮に，通常のストックオプションと同じ個数の株式報酬型ストックオプションを付与する場合には，株式報酬型ストックオプションの方が，会計上，通常のストックオプションに比して多額な費用認識が強制され，その結果，より大きな財務インパクトが生じることになる。

第3に，権利行使期間については通常のストックオプションは10年以内に設定されるのが通常で（最近は3年程度に設定するケースが多い。）あるのに対し，株式報酬型ストックオプションにおいては，長期にわたるものが多い（20年から30年程度に設定するケースも少なくない。）。これは，役員退職慰労金の代替として付与されるケースが多いことに起因する。

第4に，権利行使可能期間ついては，通常のインセンティブとして利用する場合には，単に，権利行使期間から権利行使制限期間（設定しない場合もあり得る。）を差し引いた期間が権利行使可能期間となる。しかし，役員退職慰労金の代替として支給する株式報酬型ストックオプションの場合には，退職所得に該当することに意味があるため，退職所得を取るのであれば，株式報酬型ストックオプションが過去の役員の職務執行の対価として割り当てられたものであり，役員が退職したことに基因して一時に支払われるものであることが必要

### 図表7-30■通常ストックオプションとの比較

| 項　目 | 通常のストックオプション | 株式報酬型ストックオプション |
|---|---|---|
| 導入目的 | 広く中長期インセンティブとして利用される。 | 退職慰労金の代替手段を目的として利用されるケースが多いが，通常の中長期インセンティブを目的として利用することもある。 |
| 権利行使価格 | 権利行使価格を時価以上に設定する。 | 権利行使価格を1円に設定する。 |
| 権利行使期間 | 3年程度に設定されることが多い。 | 長期にわたるものが多い。 |
| 権利行使可能期間 | 上記と一致する場合もあるし，例えば，税制適格の場合には最低2年の権利行使期間が設定されるため，行使可能期間はその分短くなる。 | 退職慰労金の代替として支給する場合には，退職所得を取ることに意味があるため，退職所得を取るのであれば，結果的に，権利行使可能期間は退任日の翌日から10日以内となる。 |
| 株主の視点 | 総会実務上，否定的な見方はされていない。 | 退職慰労金から離れて，通常のインセンティブ報酬として付与するケースにおいては，株主に対する説得的な説明が必要になると思われる。 |
| 新株予約権の評価額 | 公正価値は相対的に小さい。 | 相対的に，公正価値が大きくなる。 |
| インセンティブとしての効果 | 株価が低迷している場合，インセンティブとして機能しない可能性がある。 | 株価が低迷していても一定のインセンティブ効果がある。 |
| 税制適格 | 一定の要件を充足すると税制適格となる。 | 税制適格になり得ない。 |
| 海外居住者への付与 | 国によって異なるが，大きな問題が生じるケースは少ない。 | 特殊なスキームのため，大きな問題が生じるケースがある（例えば，米国）。 |

なため，権利行使可能期間は退任日の翌日から10日以内とされた例がある（伊藤園に対する東京国税局文書回答）。したがって，（過去分ではなく）将来分についての株式報酬型ストックオプションについては，退職所得とならないリスクがある。

さらに，新株予約権の評価額が通常ストックオプションと比較して株式報酬型ストックオプションの方が大きくなる傾向にある。

最後に，通常のストックオプションの場合には株価が権利行使価格を上回る蓋然性が低いと認識される場合にはインセンティブとしてほとんど機能しないのに対し，株式報酬型ストックオプションの場合にはそれでもインセンティブとして機能するという点が大きく異なる。

### ハ）ＡＤＲベースの株式連動型報酬

ＡＤＲベースのストックオプションとは，通常のストックオプションと異なり権利行使に伴い株式ではなくＡＤＲが支給されるスキームである。ここにＡＤＲとは，American depositary receiptの略で，米国預託証券を指す。

例えば，東証に上場している日系企業Ａ社が米国法人のエグゼクティブに対して株式連動型報酬を支給しようと考えた場合，ストックオプションを付与するという選択肢もある。しかし，当該企業が米国等に株式を上場していない場合（現時点では，日系企業でニューヨーク証券取引所に上場している企業は20社に満たない。），外国人のエグゼクティブからするとＡ社の株式を売却する場合東証等で売買しなければならないことになり手間がかかる。つまり，Ａ社の株式をもらえるのはありがたいが，Ａ社が米国において上場していないため事実上米国における流動性が十分ではない。そこで，より流動性の高いＡ社のＡＤＲを支給しようということになる。

ＡＤＲを利用したインセンティブ・スキームとしては，信託口を利用する方法等も考えられるが，会社法上の枠組みとしての新株予約権を利用する方法の方がストックオプションに馴染みのある人にとってはおそらく理解しやすい。先ず，①会社が割当対象者に対して，米ドル建ての新株予約権を発行価格ゼロで割り当てる。次いで，②割当対象者が新株予約権を行使したときは，当該新

株予約権の目的である株式が対象者の代理受領者に対し交付され，預託銀行が，当該株式を裏付けとして，当該付与対象者に対しＡＤＲを発行することになる。

## ニ）有償ストックオプション

平成22年頃から新興市場に上場している企業を中心に登場しているもので，ストックオプション類似のスキームとして，いわゆる有償ストックオプションと呼ばれるものがある。ソフトバンク（もちろん，新興市場ではなく，東証１部上場）が導入したことから知名度が大きく向上した。

通常のストックオプションの場合には新株予約権の割当て時に新株予約権の公正価値相当額の払込みが無く，表面上は無償に見えることから，その対比上，「有償」と呼ばれていると思われる。

この有償ストックオプションとは，株式発行会社またはその関連会社等の役員・従業員が，発行会社の新株予約権を公正価格で取得するものである。有償ストックオプションが導入されるに至った主たる理由としては，通常のストックオプションとの対比上，ストックオプションの公正な評価額を費用計上する必要が無い点（会社の視点），および，個人所得税法上，譲渡所得となり税制適格ストックオプションとほぼ同様の課税がなされる点（付与対象者の視点）が挙げられる。

これに対して，本スキームのネックになるのが取得者の費用負担である。通常のストックオプションと異なり新株予約権の公正価値相当額を支払わなければならないからである。公正価値相当額を払ったのに株価が権利行使価格割れしていて権利行使ができない事態を想定すると，これは大きな阻害要因となり得る。そこで，有償ストックオプションを導入している企業の多くは，公正価値相当額を小さくするような工夫をしている。すなわち，公正価値の算定においては確立されたオプション評価方法（例えば，ブラック・ショールズや格子（二項）モデル）を利用するのが通常であるが，例えば，ブラック・ショールズを用いて計算する際に，公正価値が下がるように権利行使条件の設定を工夫している。例えば，権利行使期間を大きく短縮するとか，株価が権利行使価格を下回った場合にはストックオプションが失効するといった条件設定である。

もっとも，仮に，譲渡価格が公正価値対比で妥当でないと認定された場合には一定の税務リスクが生じる可能性があり，この点が本スキームのリスクといえるのではないか。

### (3) 現 金 報 酬
#### イ）株式連動型
　中長期インセンティブの典型は株式を用いたストックオプションであるが，例えば，非上場企業のように株式を用いることに制約のあるケースもある。
　そのようなケースでは，親会社がある場合には親会社の株価と連動させたファントム・ストック（phantom Stock）やＳＡＲｓ（stock appreciation rights）といったスキームが導入されることがある。両者について厳格に区別することもある（例えば，ファントム・ストックの場合には株価相当額および配当相当額を現金として支給するのに対し，ＳＡＲｓの場合には株価と権利行使価格の差額を支給する，といった区別）が，区別の実益は小さい。両者を明確に区別していない企業が存在することに加え，設計如何によっては両者の区別はほとんど失われるからである。
　このように，株式連動型報酬を導入したいが導入について制約がある場合には，ファントム・ストックあるいはＳＡＲｓを導入することも検討に値する。
　その際の設計であるが，①権利行使の時点をストックオプションと同様に一定の範囲内において自由に認める設計もあれば，②一定時点（例えば，付与時の３年後）の株価と予め定めた権利行使価格（あるいは基準価格）との差額を現金で支給するといった方法までいろいろと考えられる。
　①の設計は付与対象者に有利な設計である反面，管理上手間がかかる。もちろん，両者の中間的な形態として，例えば，毎月末の好きな時点で行使を認めるといった方法も考えられる。
　他方，②については，一定期間経過後の株価とするとたまたまその時点の株価が低い場合に付与対象者に不利益になる，あるいは，場合によっては利益になる可能性があるが，これを回避するために一定期間経過時の株価をその直前

3ヶ月の平均株価とすることもできる。

また，同じ株式連動型報酬でも，非適格ストックオプションが一定額を損金算入できるのに対して，ファントム・ストック等の中長期インセンティブは通常は損金算入が認められる役員給与に該当しないことから損金算入が認められていない。

### ロ）株式（株価）非連動型

非上場企業であっても親会社の株価と連動させたスキームを導入することに合理性が認められる場合にはファントム・ストック等を導入することに意味がある。しかし，企業によっては親会社と規模や業績が大きく異なる等の原因により親会社の株価と子会社の株式価値に相関が全く無いケースもある。このようなケースでは，親会社の株価と連動したスキームを導入することに余り意味が無い。頑張りとゲインに相関が無ければ誰も頑張ろうという動機付けが与えられず人材マネジメント上問題がある。

とはいえ，こういった企業の中にはそれでも何らかの中長期インセンティブを導入したい考える企業もある。短期的な指標だけでは業績を評価しきれないからである。このような場合には，株式連動型ではなく非連動型，つまり，自社の財務指標あるいは非財務指標を使った中長期インセンティブが考えられる。

## 7 ストックオプション

ストックオプションの仕組み等については前述した。以下，会社法の手続，会計，税務，設計等について説明する。

### (1) 会社法上の手続

#### イ）募集事項

ストックオプションを役員等に割り当てるためには，公開会社では会社法238条1項各号に規定する募集事項を取締役において決定し（会社240条1項），割り当て当日の2週間前までに株主に通知・広告をしなければならない（同条2項，3項）。

### 図表7-31■会社法238条1項の募集事項

| | |
|---|---|
| 1号 | 募集新株予約権の内容及び数 |
| 2号 | 募集新株予約権と引換えに金銭の払込みを要しないこととする場合には,その旨 |
| 3号 | 前号に規定する場合以外の場合には,募集新株予約権の払込金額(募集新株予約権1個と引換えに払い込む金銭の額)又は,その算定方法 |
| 4号 | 募集新株予約権を割り当てる日(割当日) |
| 5号 | 募集新株予約権と引換えにする金銭の払込みの期日を定めるときは,その期日 |
| 6号 | 募集新株予約権が新株予約権付社債に付されたものである場合には,676条各号(募集社債に関する事項)に掲げる事項 |
| 7号 | 前号に規定する場合において同号の新株予約権付社債に付された募集新株予約権についての法188条1項,777条1項,787条1項,808条1項の規定による請求(新株予約権買取の請求)の方法につき別段の定めをするときは,その定め |

ロ) 報酬規制および有利発行該当性

　ストックオプションは,役員等が職務の対価としてこれを受けるものであるが,会社法制定前は,職務行為自体を募集新株予約権の対価であると考えることは,会社法上許容されていない労務出資を認めることになりかねないのものとされ,解釈上,募集新株予約権の発行は無償による発行であると考えられていた。この解釈を前提とすると,ストックオプションの発行は,常に有利発行に該当することになる。実際,平成17年改正前の商法上は,ストックオプションを発行するためには株主総会の特別決議が必要なものとして運用がなされていた。

　しかし,会社法の下では,①ストックオプションについては361条の報酬規制に服するとされつつも,②ストックオプションについては有利発行に該当しないものと取り扱われ,その結果,株主総会の特別決議(会社240条1項,238条2項)は要求されないことになった。

　先ず,①についてだが,ストックオプションが「財産上の利益」(会社361条

1項）に該当する以上，361条の株主総会決議が要求されることは前述のとおりである。

次に，②の有利発行該当性であるが，相殺方式であっても現物方式であっても有利発行には該当しないとされている。相殺方式の場合，発行会社に対する債権によって相殺する以上，「払込みを要しないこととする場合」に該当せず，付与対象者に特に有利な条件とはいえないし，一方，現物方式であっても払込みを要しないことと職務執行との間に対価性がある以上，付与対象者にとって特に有利な条件とはいえないからである。

## (2) 会　　計

ストックオプションの会計処理については，企業会計基準委員会から公表されている「ストック・オプション等に関する会計基準」（企業会計基準第8号）および「ストック・オプション等に関する会計基準の適用指針」（企業会計基準適用指針第11号）が適用される。

ストックオプションの付与対象者から取得するサービスは，その取得に応じて費用として計上することが要求され，それに対応する金額を，権利行使または失効が確定するまでの期間，貸借対照表の純資産の部に新株予約権として計上しなければならない。各会計期間における費用計上額については，ストックオプションの公正な評価額のうち，対象勤務期間を基礎とする方法その他合理的な方法に基づき当期に発生したと認められる額，すなわち，発生ベースで計上することになる。その結果，費用計上額の合計額は，ストックオプションの公正な評価額と同額になる。

そして，公正な評価額は，付与日現在の価値が用いられ，ストックオプションの権利行使価格等の条件が変更されない限りは再評価は行わないものとされている。

ストックオプションが権利行使され，付与対象者に対して発行会社から新株の発行が行われた場合には，新株予約権の計上額のうち権利行使に対応する部分を払込資本に振り替える。一方，付与対象者が権利行使することによって自

己株式が交付された場合には、新株予約権の帳簿価格と権利行使に伴う払込金額の合計額から、自己株式の帳簿価格を控除した金額が自己株式処分差益または差損となる。

仮に、付与対象者による権利行使がなされず、その結果、ストックオプションの失効が確定した場合には、新株予約権の計上額のうち失効に対応する金額を利益として計上することになる。

以上に対して、未公開企業（現時点では、店頭市場が存在しない以上、上場企業以外の企業は海外市場の公開会社でない限りは未公開企業となる。）については特例が存在し、ストックオプションの公正な評価額に代えて本源的価値の見積もりに基づいて会計処理を行うことができる。ここでの本源的価値とは、算定時点においてストックオプションが権利行使されると仮定した場合の単位あたりの価値であり、当該時点におけるストックオプションの原資産である自社の株式の評価額と行使価格との差額である。

### (3) 税　　　務

#### イ）個人所得税上の取扱い

通常、ストックオプションは譲渡制限が付されているため、付与時には課税は発生しない。しかし、権利行使時に「権利行使時の株式の時価」と「新株予約権の払込金額および権利行使価格の合計額」の差額が経済的利益として課税される（所法36条2項、所令84条43号）のが原則である。ここでの課税は給与等として（住民税と合算すると）最大50％の税率による総合課税である。上述の図表7－29で言うと、権利行使時に①に対して給与所得として総合課税がなされ、売却時に②に対して10％または20％のキャピタル・ゲイン課税がなされる。

この最大50％の税率がストックオプションの目的であるインセンティブ効果を損なう原因である。そこで、租税特別措置法は、一定の要件を充足するストックオプションを税制適格ストックオプションとして、株式の譲渡時まで課税を繰り延べ、上述の図表7－29の①＋②に対してキャピタル・ゲインとして

課税する措置を設けている（措法29条の2）。

　税制適格要件を充足するためには，会社法上の新株予約権（または旧商法上）の枠組みに則ったものでなければならず，以下の要件（措法29条の2第1項1号から6号）を充足する必要がある。

**図表7-32■税制適格要件**

| | |
|---|---|
| 1号 | その権利の行使は，その決議の日後2年経過した日からその決議の日後10年を経過するまでの間に行われなければならないこと |
| 2号 | その権利行使価額の年間の合計額が1,200万円超とならないこと |
| 3号 | 1株当たりの権利行使価額が，その契約締結時における株式の1株当たりの価額以上であること |
| 4号 | 新株予約権を譲渡してはならないとされていること |
| 5号 | 新株予約権の行使に係る株式の交付が，新株予約権に係る付与決議がされた会社法もしくは旧商法の規定に定める事項に反しないで行われること |
| 6号 | その権利行使により取得する株式は，取得後直ちに，その株式会社を通じて一定の方法により，金融商品取引業者等の振替口座簿に記載もしくは記録または金融商品取引業者等の営業所等に保管の委託等がされていること |

　さらに，税制適格を取るためには，権利者が大口株主等に該当しないことの誓約書を会社に提出しなければならず，会社はその誓約書を提出を受けた日の属する年の翌年から5年間保存しなければならない。さらに，新株予約権の付与に関する調書を付与日の属する年の翌年1月31日までに税務署長に提出することなどが必要となる（措法29条の2第1項本文，同条2項，3項，5項，措規11条の3第3項）。

　なお，外国株式を用いたストックオプション，例えば，米国企業が当該企業の日本法人の従業員にストックオプションを付与しても日本において税制適格を取ることができない。これに対して，例えば，日本の株式を当該日系企業の米国法人等の役員・従業員等に付与した場合には，現地の税法上，税制適格を取れる場合がある。このように日本と同じ感覚で考えると損をする場合がある

ので，海外の子会社等の役員等にストックオプションを付与する場合には，現地で税制適格が取れるかどうかを念のため調査しておくのが無難であろう。

#### ロ）法人税法上の取扱い

税制非適格ストックオプションについては，会計上の費用の額が損金算入されることになるが，損金算入時期は，会計処理における費用計上の時期とズレが生じる。具体的には，権利行使をした付与対象者がその役務の提供について所得税法等の規定による給与等課税事由が生じた日（権利行使日）において法人税法の規定が適用される（法法54条1項）。ここに給与等課税事由とは，「給与所得，事業所得，退職所得及び雑所得の金額に係る収入金額とすべき金額又は総収入金額に算入すべき金額を生ずべき事由」をいう（法令111条の2第1項）。

役務の提供に係る費用の額については，新株予約権の発行が正常な取引条件で行われた場合には，新株予約権の発行時の価額に相当する金額がこれに該当する（法令111条の2第3項）。これは，会計基準に従って，ストックオプションの付与時の公正な評価額に基づいて費用計上される額と通常一致する。

前述のとおり，損金算入時期は費用計上時期とは異なるが，付与対象者の課税時期とは一致する。ただし，法人の損金算入額と付与対象者の課税額は一致しない。

これに対し，税制適格ストックオプションの場合には，付与時から株式譲渡時まで課税が繰り延べられる結果，給与等課税事由が生じないため法人において損金算入されることはない（法法54条2項）。

ストックオプションに係る費用の額が損金算入されるためには，ストックオプションが「役務の提供の対価として個人に生じる債権をその新株予約権と引換えにする払込みに代えて相殺すべきもの」であることが要件とされる（法法54条1項）。当該要件を充足するかどうかについては，法人税基本通達9－2－53は，以下の事実を例示しており，これらに該当するかどうかによって判定されるものとする（図表7－33参照）。

### 図表7-33 ■法基通9-2-53

| (1) | 当該新株予約権の発行に係る決議において，当該新株予約権の払込金額の払込みに代えて，当該新株予約権を発行する法人に対する役務の提供に係る債権をもって相殺することとされていること。 |
|---|---|
| (2) | 法人が，当該新株予約権を対価とする役務の提供につき，その提供に応じてその確定した決算において費用として経理していること。 |

新株予約権の払込みについては，会社の承諾を得て，金銭での払込みに代えて，会社に対する報酬債権をもって相殺することが可能とされている（会社246条2項）。また，会計基準上は，ストックオプションの付与時の公正な評価額のうち，合理的な方法に基づきその会計年度に発生したと認められる額を対象勤務期間にわたって費用計上することを求めている。つまり，会社法で認められている報酬債権の相殺をもって払込みに代える旨の決議をし，会計基準に従って役務提供の対価を費用計上することによって税法で定める要件が充足されることになる。

税制非適格ストックオプションについては，原則として，給与等課税事由が生じた日の属する事業年度において損金算入されることになる。ところが，会計上は，付与日から権利確定日までの期間に渡って費用計上することとなるため，会計上の費用処理が先行する事態が生じる。そのため，給与等課税事由が発生するまでの間は，税務申告において申告加算を行い，権利行使時に申告減算することになる。この場合，確定申告書には「新株予約権に関する明細書」（別表九（二））の添付を要する（法法54条4項）。これに対して，税制適格ストックオプションの場合には，費用処理した額は損金算入されないため，費用処理した額を申告加算する必要が生じることになる。

## (4) ストックオプションの設計
### イ) 役員報酬とストックオプションの設計

中長期インセンティブの中で最も利用されているのがストックオプションである。ストックオプションは1997年に解禁されてから15年以上が経過しており

多くの企業においてノウハウが蓄積されている。にもかかわらず，設計に関しては意外と粗い企業が少なくない。キャッシュ・アウトを伴わないことが多いとはいえ，ストックオプションも有限の資源である。そのため単なるばら撒きではなく，戦略的，かつ，効率的な設計が望まれる。

　そのためには，先ず，割当ての目的を明確にする必要がある。よく，プレスリリース等には，「当社連結業績に対する貢献意欲や士気を一層高めることを目的としております。」とか，「業績向上に対する貢献意欲や士気をさらに高めると同時に経営責任を明確にすることを目的に，株主視点に立った株価連動報酬として，新株予約権を発行いたします。」といった記載がなされる。これは，ディスクロージャーを充足しているという意味では問題無い。しかし，仮にストックオプションを導入している企業が導入目的を掘り下げて検討していなかったとしたら（リリースの背後により具体的な目的が存在しないとしたら）やや戦略性に欠けるといわざるを得ない。

　**ロ）目的の明確化**

　ストックオプションの導入目的を明確化することは非常に重要である。目的をどう捉えるかによって設計内容に相違が生じるからである。単純化すると，例えば，外部から優秀な取締役（あるいは執行役員等）を獲得することだけを目的とするのであれば，移籍に際して，これという優秀な移籍者に「だけ」ストックオプションを付与することになる。また，企業再生プロジェクトの成功への報酬であれば，再生に大きく貢献した取締役（あるいは執行役員や従業員）に「だけ」ストックオプションを付与すべきことになるからである。

　会社として，真にグローバル化路線に舵を切るのであれば，日本本社の求心力を高める手段としてグローバルでの経営層，従業員の一体感を醸成することが重要となることが多い。そして，一体感の醸成にはグローバルで統一されたインセンティブ報酬（典型的にはストックオプション）を導入するのが有効であろう。ストックオプションを付与されることにより本社の株価，業績，動向等に関心を払うようになるからである。

　米国のエグゼクティブの多くは依然として株式連動型報酬を重視する傾向に

あり，米国を主力市場としている企業においては，ストックオプションは有効な人材の繋ぎ止め（リテンション）策といえる。

こういったグローバル化路線を採用するケースでは，グローバル化の促進，具体的には，グローバルでの役員等の一体感の醸成，本社の求心力の強化，グローバル人材の獲得・繋ぎ止めがストックオプションの導入目的ということになる。

　ハ）金銭報酬との関係

①ストックオプションを恩恵的ないし一時的なものとして捉え，その結果金銭報酬から切り離すのか（例えば，上記企業再生プロジェクトの成功のケース），あるいは②金銭報酬の一部あるいは補完するものとして捉えるのかを明確化する必要がある。

特に，②の場合には他の金銭報酬との整合性を意識する必要がある。1つが報酬全体における構成比率であり，もう1つがストックオプションの価値を含めたトータルでの報酬水準である。

　ニ）対象者（層）

ストックオプションについては，会社法上，付与対象者に関する制限は無い。しかし，だからといってコーポレート・ガバナンスの要請に反してまで監査役等にストックオプションを付与すべきことにはならない。

また，役員への付与が優先されるとしても，さらに，どの層（どれくらい下の階層）にまで付与するのか，といった点も具体的に検討する必要がある。役員だけに付与するのか，執行役員にも付与するのか，さらに，上級管理職に限定するのか，管理職全員に付与するのかあるいは社員全員に付与するのかといった点も設計における重要なポイントである。「会社業績の向上→株価の向上」を狙ってストックオプションを付与するのであれば，ある程度会社業績に影響力のある管理職以上の人材だけにストックオプションを付与すべきことになる。これに対して，「社員の意識を株価に向けさせる」あるいは「社員の意識を統一させる」ことを狙うのであれば，（株式の希薄化，費用認識による人件費の高騰等，種々の問題はあるが）可及的に社員全員を対象者とすることを

検討してみても良いだろう。

　取締役にだけ付与するにしても，全員に付与するのか，あるいは，一部の取締役にだけ付与するのかも一応問題となる。仮に，一定のプロジェクトの達成が目的であれば当該プロジェクトに深く関与した取締役にだけ付与するのが目的と整合的であろう。ただ，特殊なケースを除き，一部の取締役にだけ付与するケースは少ない。

　さらに，株式価値の向上という抽象的な目的の下でストックオプションを付与する場合には，もう1つ論点が生じる。つまり，過去から現在までの株式価値の向上に貢献した取締役にだけ付与するという間口を絞ったやり方にするのか，あるいは，とりあえず付与しておいて株式価値が高まった場合にだけ権利行使を認めるという間口を広く取るやり方にするのかである。

　この点，中長期インセンティブの趣旨（将来の貢献に対する報償）を重視すれば，とりあえず全員に付与することになろう。過去の貢献度が低かった人材でも将来的に貢献してくれる可能性がある。もっとも，その場合にはパフォーマンスの低かった取締役には権利行使させないという条件を設定しておくのが中長期インセンティブの趣旨に合致するのではないか。全役員に一応付与しつつ，当該役員の担当する部門の業績が一定以上の業績を達成した場合にだけ権利行使ができるような条件設定をすべきであろう。

　他方，過去の貢献度に応じて貢献度の高い取締役だけに付与する（あるいは，付与数に傾斜を付ける。）方法もある。これは，実力主義の要請に合致するし，資源の有効活用にもなる。ただ，取締役の評価が確立していない会社においては事実上採用が困難であろう。また，中長期インセンティブの趣旨にも必ずしも合致しないように思える。

### ホ）付 与 水 準

　付与水準，つまり，ストックオプションによってどの程度の利益（ゲイン）を与えることを想定するのか，についてはいくつかの決定方法が考えられる。第1に，他社の付与（利益）水準に合わせる方法である。他社がどの程度の利益水準を想定してストックオプションを付与しているかを調査し，これと同等

の利益がもたらされるようにストックオプションの付与水準を決定する。具体的には，上場前の企業がストックオプションの付与数の決定の場面であれば，ベンチマーク対象の上場企業が上場前に特定人に「付与した株式数×（公募価格－権利行使価格）」で一人当たりのおよその利益水準を算出することができる。

　第2に，自社の金銭報酬水準を基準とする方法も考えられる。例えば，社長であれば一定の株価に到達した場合に年収の3倍の利益が生じるような付与水準に設定するといった方法である。第3に，他社のストックオプション発行済株式総数比率（付与株式数／発行済株式総数）を調査し，これをベンチマークとする方法である。加えて，他社のオプション・バリューの水準に合わせる方法である。すなわち，他社が特定層の人材にどの程度のオプション・バリューを付与しているのかをブラック・ショールズ・モデル等のオプション算出モデルを利用して算出し，同等の公正価値水準を確保する方法である。

　仮に，ストックオプションの導入目的が競合他社との優秀な役員の獲得競争にあるとすれば，競合他社のストックオプションの付与水準，さらにはストックオプションを含めたトータルでの報酬水準を入手し，競争力を維持する努力が必要となろう。つまり，ベンチマーク調査が極めて重要となる。

　第3に，ストックオプションが賞与等の業績連動型報酬の一部であることから，業績連動型報酬の一定割合をストックオプションとして付与する方法も考えられる。これにより，報酬の構成要素としての中長期インセンティブをどの程度の比率とするかといった役員報酬の方針と整合的な付与が可能となる。例えば，役員報酬の構成比率を，固定：業績連動型報酬＝2：1とし，さらに業績連動型報酬を，短期インセンティブ：中長期インセンティブ＝1：1とするケースにおいては，取締役が目標値を達成した場合に固定報酬の4分の1相当のストックオプションが付与されることになる。

### ヘ）付与回数

　ストックオプションを1回だけ割り当ててそれで終わりにするケースもあるが，複数回（場合によっては毎年）割り当てしているケースも少なくない。ス

トックオプションを業績連動型報酬の一部として毎年支給するようなケースが典型である。ただし，複数回割り当てるといっても必ずしも同一対象者に重ねて付与することにはならない（例えば，中途採用者にだけ割り当てるケースもある。）。

仮に同じ数の株式を同じ付与対象者に割り当てる場合，全ての株式を１回で割り当てる場合と数年で割り当てる場合では，以下の点が異なる。すなわち，例えば，株価が続伸することを前提とすると，数年に渡って数回割り当てるよりは１回で割り当てる方が，株式譲渡益が大きくなる。なぜなら，複数回に渡って割り当てるケースでは，各付与毎に権利行使価格が上昇するからである。逆に，株価の続伸が見込めないケースを前提とすると，数年に渡って複数回に渡って割り当てるケースの方が１回で割り当てるよりは有利になる可能性が高い。なぜなら，権利行使価格が都度，適正な時価に設定されるため株価が権利行使割れする可能性が低くなるからである。

**図表７－34 ストックオプションの付与計画**

| | |
|---|---|
| 一時的付与 | ストックオプション・プランとしては１本で，付与時（あるいは付与時を含む一定期間）の株価が権利行使価格となる。そのため，株価が割当て後に続伸する場合には大きな利益が期待できるが，そうでない場合には，いわゆるunder waterとかout of money（権利行使価格割れ）という状態が続く可能性がある。 |
| 中長期的付与 | 複数のストックオプション・プランが走ることになり，各割当て時の株価が権利行使価格となる。そのため，株価の動向にある程度柔軟に対応することが可能となる。 |

ト）権利行使制限期間

権利行使制限期間とは，付与時以降でありつつも条件設定の結果，権利行使が制限されている期間をいう。同期間については，租税特別措置法上の優遇措置との関係が重要となる。税制適格を取りにいく場合には，最低２年間の権利行使制限期間を設ける必要がある。ただ，取締役以外の人材にまで付与対象者を拡大する場合には，「本当に非税制適格ストックオプションより税制適格ストックオプションの方が有利になるのか」については，手取額についてのシ

ミュレーションを実施してみる必要がある。この点，非適格ストックオプションにおいては権利行使時に給与所得として総合課税がなされるため，通常は所得が高い人ほど適格ストックオプションの方が有利になる可能性が高い。そのため，企業によっては，例えば，部長以上は適格ストックオプション，部長未満は非適格ストックオプションの方が有利になるといったケースもある。こういったケースにおいては２つのプランを同時に走らせることも考えられる。

また，公開企業においては取締役の任期は２年とされ（会社332条１項），これを定款で短縮して１年としているケースも少なくない。また，委員会設置会社においては，任期は１年とされている（会社332条３項）。こういった状況の中，いくら税制適格にメリットがあるといっても権利行使制限期間を２年とすることに抵抗感を示す取締役も少なくない。ただ，ストックオプションが中長期インセンティブに位置付けられていること，米国にみられるような短期志向回避の傾向を考慮すると，権利行使制限期間を一定期間設定することには合理性があるといえよう。ただし，目的如何によっては，期間制限を設けないことにも合理性が認められることもあろう。

さらに，税制適格を取りにいくかどうかについては，個人の視点だけではなく，前述の法人税上の取扱い，すなわち，損金算入ができない点も考慮に入れる必要があろう。

**チ）権利行使条件**

ストックオプションの設計に係る自由度の高さが現われているのが権利行使条件である。会社法上は基本的に権利行使条件について制限が無く，それゆえ，部門業績の悪い取締役に権利行使を認めないことも可能である。また，上場前の企業の場合には，上場を権利行使の停止条件とすることもできる。

会社業績に関する条件にしても，財務指標を利用することもできるし，非財務指標を利用することもできる。すなわち，ストックオプションには権利行使価格が設定されているため，株価（ないし株式価値）は既に（広い意味での）条件として組み込まれているが，この株価に加えて売上高や営業利益といった財務指標を行使の条件とすることもできるわけである。財務指標であれば，例

えば，売上高等を絶対値として利用することもできるし，前年期比といった成長指標として利用することもできる。一方，非財務指標の具体例としては，ドラッグストア業界であれば，総店舗数が今後の成長の1つの要素と考えられるため，これを使うことも考えられる。メンテナンス業であれば，顧客満足度も1つの例といえよう。

また，取締役等の繋ぎ止めを狙い，権利行使を段階的に認めることも考えられる。例えば，ストックオプションを120個付与した場合に，権利行使制限期間が経過した時点で3分の1の40個，その翌年に3分の1の40個，さらにその翌年に残り3分の1の40個を行使できるようにする方法である。この方法と類似の方法としては，そもそも3回に分けて40個ずつ付与するという方法もあるが（図表7-34「ストックオプションの付与計画」参照），一気に120個付与した方が株価が続伸する可能性が高い場合にはインパクトを残せるメリットがある。他方，40個ずつだと将来本当にもらえるのかといった疑念を生じさせる可能性もある。

なお，会社法上許容されたとしても，複雑な条件を設定する場合には，商業登記上の問題が生じる可能性もあるので，そのような場合には，事前に司法書士等の商業登記実務の専門家に確認しておくのが無難であろう。

リ）グローバル・ストックオプション
① 現　　状

グローバル・ストックオプションとは，ストックオプションのうち，付与対象者を国内に居住する役員等に限定せず，海外居住の役員等にまで拡張する場合をいう。グローバル・ストックオプションには国内版ストックオプションと異なる効果が付加される。例えば，現地法人の現地採用者に日本本社の株価を意識させるといった効果（グローバルな一体感の醸成，本社の求心力の確保）や海外駐在員と現地採用者の融合促進効果等が上げられる。

現在はかなり多くの企業がグローバル・ストックオプションを導入しており，企業によっては数十カ国の人材にストックオプションを付与している。グローバルに大きく展開している自動車関連メーカーや商社にこの傾向が顕著である。

付与対象者についても，日本人の海外駐在員だけではなく，現地採用の経営幹部にもストックオプションを付与している例も少なくない。

　グローバル化を促進するにあたっては，上述のとおり海外の幹部等に対するストックオプションも有効な手段であり，日本人にだけストックオプションを付与するといった方針はグローバルでの一体感を損なうし，これでは到底本社の求心力を確保することはできない。

② 海外税務・法制の検討の重要性

　グローバル・ストックオプションを導入するにあたって最も注意を要するのが付与対象者の居住する海外の国の税務・法制である。この点が，国内版ストックオプションと大きく異なる。なぜ海外税務・法制が重要なのかというと，日本の会社法に準拠したストックオプションだとしても，役員等が居住する海外の国（現地）の税法を含む法律の適用があり得るからである。これらを無視すれば，例えば，現地の証券取引法違反として罰金等が課される可能性もあれば，ストックオプションに係る税務申告をしなかったとしてマスコミ・リスクを引き起こすこと等が考えられる。

　では，どの範囲で現地の法制等を検討する必要があるのだろうか。日本的な発想で言えば，金融商品取引法（中でも講学上の証券取引法），個人所得税を検討すれば十分ではないかと思いがちである。しかし，現地の法制等は日本の法制と根本的に沿革・構造が違う場合があり，思わぬ法律の中にストックオプション関係の規制が紛れ込んでいることも考えられる。となると，慎重を期すのであれば労働関連法，会社法から個人情報保護関連法に至るまであらゆる法令をチェックすべきことになろう。しかし，このような調査を現地で実施することは著しく困難，かつ，大きなコストがかかる。こういった調査は通常外部のアドバイザーに委託することになると思われるが決して安くは無い。そこで，「一切のリスクを回避するべく海外に在住する人材には一切ストックオプションを付与しない」というやや極端な施策を採用するか，「一定のリスクもやむなしというかたちで絞った項目だけを調査する」ことになろう。もちろん，前者はグローバル戦略を採る企業からすれば採用し難いであろう。他方，後者を

採用する場合には，リスクが高い項目を中心に調査を実施するということになろう。

ご参考までに，現地で最低限調査しておくべき一般的な項目を例示すると，以下のとおりである。ただし，当然ながら国によって法制が異なり，法律等の名称が異なることはもとより最低限の項目が変わる可能性がある点にも注意を要する。事前に各国の専門家にどの範囲まで調べるべきかについてのアドバイスを得ておくことがリスク回避上不可欠である。

**図法7－35■現地で最低限検討すべき一般的な項目**

| | |
|---|---|
| 1 | 個人および法人の課税関係 |
| 2 | 現地法人の源泉徴収義務 |
| 3 | 社会保険 |
| 4 | 税務当局への報告義務等の有無 |
| 5 | 納税時期 |
| 6 | 証券取引法上の届出・通知義務等の有無（米国のように州法が存在する国では州法も含む） |
| 7 | 外為法 |

上述のとおり，日本の会社法に準拠したストックオプションであっても国によっては税制適格を取れる余地もあるので（例えば，米国のＩＳＯと呼ばれる税制適格ストックオプション，Incentive stock option），現地における税制適格の可否についても調査してみても損は無い。ただ，これはリスクというより「得をするため」の調査に位置付けられるため，不可欠な調査項目とまではいえないだろう。また，現地法人で費用を損金として落とせるのかといった法人税関連の調査項目も別途想定される。

③ 海外税務（概要）

ストックオプションについて基本的に付与時，権利行使制限解除時，権利行使時，売却時の全ての時点において課税関係が生じない国であれば何ら問題はない（実際そういう国も存在する。）。しかし，国によっては付与時に課税関係が生じる（あるいは可能性がある。）ため注意を要する。日本のように通常の

ストックオプションについて付与時課税が無い国に居住するストックオプションの付与対象者と，付与時課税が生じる国に居住する付与対象者との間に課税上の不公平が生じることになるわけである。特に，付与時課税が生ずる国に居住する付与対象者は，株価が権利行使価格割れしているようなケースでは，権利行使が事実上不可能であるにもかかわらず付与時に税金を納めなければならないといった事態が生じ得る。さらに，付与時課税を全く想定していなかったがために納税を失念するケースも想定される。

　さらに，付与対象者の居住地が移転する場合（例えば，付与対象者がA国からB国に再出向する場合等）の税務上の取扱いも複雑である。付与時に付与対象者が現地に居住しており，日本に帰国した後に権利行使した場合には，現地の課税関係，日本における課税関係，現地と日本の間で締結した租税条約の適用関係などを踏まえた対応が必要である。そこで，例えば①（ⅰ）　付与時：居住者／日本非居住者，（ⅱ）　権利行使時：現地非居住者／日本居住者，（ⅲ）　売却時：現地非居住者／日本居住者および②（ⅰ）　付与時：現地居住者／日本非居住者，（ⅱ）　権利行使時：現地居住者／日本非居住者，（ⅲ）　売却時：現地非居住者／日本居住者といったシナリオを想定した課税関係の調査の実施が望ましい。

　加えて，ストックオプションを付与することそれ自体を税務当局に通知しなければならない国もあること，日本と異なりストックオプションに対して社会保険税が課される国々も少なくないことにも注意を要する。

　なお，海外駐在員の税務申告をクロスボーダーに強い大手会計事務所等に委託している場合には，付与対象者等がストックオプションの関連情報を正確に伝えている限り，ストックオプション関連の申告漏れ等が生じないような対応をしてくれるはずである。

④　海外法制（概要）

　海外法制についても，税務のみならず法制上も基本的にストックオプションに関する規制が存しない国もある。しかし，それは例外的で，証券取引法上の規制が存在する国が少なくない。証券取引法上の規制は，一般に，罰則等が厳

しいため慎重な調査が不可欠といえる。単なる行政罰に留まらず，刑事罰が問題となることもあり得る。

　証券取引法上の規制の典型としては，日本で言うところの有価証券届出書に類する資料の作成・提出義務が挙げられる。国によっては私募と言えるような小規模の付与については一定条件の下，有価証券届出書（類似資料）の提出を免除（exempt）している。ただし，免除を受けたからといって何もしなくていいとは限らず，簡易な通知書のようなものの提出が求められるケースもある。

　また，例えば，米国のように連邦レベルだけではなく，州レベルでも証券取引法が存在する国がある。これらの国々では，連邦法だけでなく，州法の調査も必要となる。

⑤　グローバル株式報酬型ストックオプション

　株式報酬型ストックオプションのグローバル版の注意点は，通常のストックオプションとはさらに異なった税務・法制上の帰結が生じる可能性がある点である。通常のグローバル・ストックオプションについて海外税務・法制について問題が生じないケースでも株式報酬型ストックオプションについては問題が生じる場合があるからである。例えば，国によっては権利行使価格を大きく下回るストックオプションの存在を想定しておらず，二重課税類似の事態が生じるケースもある。米国におけるIRC§409Aが一例である。また，国によっては，通常のストックオプションでは付与時課税が生じないにもかかわらず，株式報酬型ストックオプションでは付与時課税が生じる可能性のある国も存在する。

　したがって，グローバル株式報酬型ストックオプションを導入する場合には，仮に，通常のグローバル・ストックオプションについて海外税務・法制の調査を実施していても別途調査を実施する必要性があるといえよう。

⑥　グローバル・ストックオプションの設計上の留意点

　グローバル・ストックオプションを設計する際の留意点は，基本的には一般のストックオプションの設計上の留意点と同じであるが，海外税務・法制の帰結との関係で付与対象者について留意する必要がある。

特に，現地の証券取引法上届出，通知義務等が生じる場合には，果たしてその人材だけのためにこれらの手続を踏む必要があるのかといった問題が生じる。すなわち，これらの義務を果たすために法律事務所等に委託せざるを得ないケースも考えられることから，そこまでのコストを払ってまでその国の人材にストックオプションを付与すべきなのかどうかを検討する必要があるわけである。この点，多くの企業は届出義務といった厳しい義務ではなく単なる通知義務に留まるようなケースではそのままストックオプションを付与している。仮に，この国に在住する人材だけを対象者から外すことも考えられるがその場合には，本人からの納得を得るためにもＳＡＲｓ等のような代替スキームが必要になろう。

　一般のグローバル・ストックオプションでは付与時課税が生じないものの，グローバル株式報酬型ストックオプションの導入によって付与時課税が生じるケースもある。この点については，問題が生じそうな国に在住する役員等にはストックオプションを付与しないといった対応，そのまま付与し，ただ，付与課税額を補填するケース，国内外の対象者に別のインセンティブ報酬を提供するケースに分かれている。繰り返しであるが，グローバル化を促進している中，例えば，米国は問題があるから付与しないといった選択肢はなかなか採用しづらい。そうなると，国内の役員等と海外駐在員・現地採用の幹部に別のインセンティブ報酬を付与するのが現実的かもしれない。例えば，国内の役員等には株式報酬型ストックオプションと通常のストックオプションを提供し，海外駐在員・現地採用の幹部には通常のストックオプションのみを提供するといった組み合わせである。また，海外駐在員には通常ストックオプション，現地採用の幹部にはＡＤＲベースのストックオプションといった組み合わせも考えられるところである。

　なお，ＡＤＲベースであってもＡＤＲベースの株式報酬型ストックオプションについては，株式報酬型ストックオプションと同様の課税関係が生じる可能性が高く，仮に，株式報酬型ストックオプションの導入について問題が生じる国においては同様にＡＤＲベースの株式報酬型ストックオプションの導入につ

いても問題が生じる可能性が高い。

　以上が，ストックオプションを設計するにあたっての留意点であるが，その他細かな設計項目もある。新株予約権割当契約書に記載されている項目が設計項目であるから，これらについても検討をする必要がある。

## 8 役員退職慰労金

### (1) 役員退職慰労金改革

　仮に廃止する場合には，役員退職慰労金制度それ自体が存在しなくなるわけであるから，代替策について，過去分と将来分に分けて検討することになる（CHAPTER 6参照）。

　これに対して，制度を存置させる決断をした場合には，現状維持とするのか，あるいはなんらかの改革をするかについて検討する必要がある。

### (2) 存置しつつ改革をしない場合

　現状を維持するのであれば，上述の退職慰労金に対する批判に耐え得る制度になっていることを株主等に説得的に説明できることが望ましい。退職慰労金に対する批判としては，主として①慰労金制度が手厚すぎる点，②功労加算といった不明瞭な加算部分がある点が挙げられるところ，①については他社の退職慰労金の水準との対比およびトータルでの報酬水準との対比において自社の水準が決して高いものではないことを客観的に示すことになろう。また，②については，功労加算部分が無い，あるいは，あったとしても明確な基準に則り，かつ，加算のウェイトが低いことを示すことができる必要がある。退職慰労金の存在によって，不祥事が発生した場合等に対して少なくとも退職慰労金の不支給という形で責任を取らせることができること，さらに，米国の金融規制改革法のクローバック（取戻し）の趣旨を応用ないし転用するものであるといったメリットを強調することも有効かもしれない。

### (3) 存置しつつ改革する場合

存置しつつ改革をしない場合というのは，そもそも退職慰労金制度が株主等からの批判に耐えられる制度になっていることを示すことができる内容になっているからである。換言すれば，批判に耐えられない制度であれば，仮に存置させるにしても株主等を納得させることができる内容に変えていかなければならない。その際の検討ポイントは，繰返しになるが，退職慰労金の水準を妥当に設定すること，および，功労加算自体を廃止するか功労加算の基準を明確にし，退職慰労金規定と併せて株主に開示できるようにしておくことである。

# 9 その他の報酬等

### (1) 社宅等

上述以外の「報酬」（会社361条）は，最近かなり減ってきている。

とはいえ，比較的見かけるものとしては，例えば，社宅，ゴルフ会員権が挙げられる。社宅については，職務執行のために必ずしも必要とはいえないことから原則として，費用ではなく報酬に該当する。また，ゴルフ会員権については微妙であるが，職務としてではなく私用で利用する場合には，基本的には報酬に該当すると考えるべきであろう。

他方，秘書や個人のオフィス（執務室）については，職務執行との関連性が強いので原則として報酬に該当しないとされている。

### (2) ゴールデン・パラシュート

ゴールデン・パラシュートは，企業買収の際に支給される特別退職金である。「X社の買収に伴い退任する取締役には1人あたり1億円の特別退職金を退職慰労金とは別に支払う」といった内容である。ゴールデン・パラシュートも一種の退職金といえることから役員報酬といえなくもない。とはいえ，企業買収が発生しなければ支給されない突発的な一時金であり，「職務執行の対価」と言い切れない点からも通常の報酬とは異なる。会計上も引当金として計上され

ていないのが通常であろう。

　ちなみに，ゴールデン・パラシュートについて，敵対的企業買収からの防衛策だという点を強調する論者が多い。ゴールデン・パラシュートには企業防衛策的な使い方もある。例えば，「企業買収に際して，買収対象会社の取締役が解任される場合には，取締役1人に1億円支払わなければならない」とすれば，対株主への買収コストやアドバイザーへのコストに加えて取締役が3名なら3億円のコストが加算されるので，買収者が買収を躊躇するだろう，という考えである。しかし，大きなディールにおいては，例えば1億円など微々たるものでこの程度の額で躊躇する買収者は少ないだろう。そうだからこそ，買収防衛策という面を強調すれば買収者を萎縮させるだけの巨額なものにならざるを得ない。しかし，ゴールデン・パラシュートは本来的には，役員が自己保身から企業買収を何でもかんでも「敵対的だ」とか「買収提案は本来の企業価値を過少評価している」と言わせずに，客観的に真に株主の利益を考えられるための動機付けのツールである。退職時にある程度の加算金がもらえるなら変に会社にしがみつかないだろうという非常に合理的な仕掛けである。この点も強調しておきたい。そうであるならば，額は取締役が公正に買収の是非を判断できる程度の水準に設定すれば十分ということになろう。そして，その水準であれば買収者が躊躇する水準になることはさほど多くは無いと思われる。

## 10　役員報酬改革以外の論点

　以下は，役員報酬改革とは直接的には関係が無いが，これを取り巻く論点である。

### (1)　具体的な金額の代表取締役への一任

　前述のとおり取締役の報酬については株主総会において総額を決定し，具体的な配分については取締役会に一任する例が実務上多いが，取締役会への一任に留まらず，さらに，取締役会の決議によって代表取締役に一任する例もある。なお，この際，株主総会における説明義務違反（会社314条）に該当しないよ

うに注意が必要である。

　この点，代表取締役への一任を認めないとする見解や，取締役全員の同意を条件として認めるとする見解もあるが，判例（最判昭和31年10月5日ジュリ131号88頁）は肯定している。また，実務上依然として代表取締役に一任する方式が存在している。

　また，退職慰労金についても同様に，判例（最判昭和58年2月22日判時1076号140頁）は代表取締役への一任は無効ではないとしている。ただし，退職慰労金規定等の基準に従って支給する必要がある。

### (2) 報酬の減額または不支給

　会社と取締役との間の契約は委任契約で無償が原則ではあるが，取締役には専門的な知識が要求され，かつ，重い責任を負担するのが通常であるから，反対の意思が明示されていない限りは，取締役には抽象的報酬請求権が存すると考えられる。とはいえ，具体的報酬請求権は，報酬額を定款で定めるか株主総会の承認決議を経なければ発生しない。そして，具体的報酬請求権は，会社と取締役との間の委任契約に基づく双方を拘束する契約内容となる（つまり，既得権となる。）と考えられるので，当該取締役の同意が無い限り，原則として株主総会または取締役の決議をもって減額あるいは不支給とすることはできない（最判平成4年12月18日民集46巻9号3006頁）。

### (3) 職務内容に変更があった場合

　とはいえ，任期途中の取締役の職務内容に著しい変更があり，かつ，それを前提として株主総会がその取締役の報酬の減額ないし不支給の決議をすることには合理性が認められる。例えば，各取締役の報酬が役位毎に定められており，任期中に役位の変更が生じた取締役に対し当然に変更後の役位について定められた報酬が支払われているような場合には，こうした報酬の定め方および慣行を了知した上で取締役に就任することを承諾した者は，明示の意思表示がなくとも，取締役報酬の減額を甘受することを黙示のうちに承諾したと見るべきで

ある。

　よって，役職の変更を理由とする報酬減額は許容される。ただし，このような報酬の定め方や慣行があったとしても，正当な理由がなく役位を下げられた場合には，当該取締役の同意が無い限りは報酬の減額は許されない。

CHAPTER 8　取締役に対する評価

# 1　業績評価を実施する理由

(1)　取締役に対する評価の必要性

　取締役に対する評価の基準が全く存在しない企業も多い。実際に7割近くの企業が取締役の評価の仕組みを有していない。しかし，評価の仕組みが無いということは極端に言えば，テキトーにやるにしても真剣にやるとしても報酬に反映されないということになる。また，賞与の仕組みが存在しつつも取締役の評価基準が無いのだとすれば支給額の算定方法が恣意的だということになる。これはコーポレート・ガバナンス上かなり問題があるといえよう。

　また，取締役の再任の是非は株主総会が決定すべき事項である。しかし，その前提として，再任に値するのかどうかについて会社として予め一定の評価基準を持っているとすれば，これはガバナンスに資することはあれ，反することはない。

　取締役の任期が存在しない企業は無いのであるから，少なくとも再任の基準，さらに，年俸を変動化させているケース，賞与の制度があり，かつ，担当部門の評価結果によって賞与の額が変動する仕組みを導入している企業については，やはり取締役の評価の仕組みの導入は不可欠といえる。

図表8-1■取締役評価の主要な目的

| | |
|---|---|
| 1 | 報酬の決定 |
| 2 | 昇降格の基準 |
| 3 | 再任の基準 |
| 4 | 取締役の育成 |

## (2) 賞与と業績評価

　適正に設計された賞与であれば，必ず業績評価の指標が存在し，さらに，業績指標の達成度を評価する仕組みが存在するはずだし，そうあるべきである。ゆえに，業績指標やその評価方法が明確になっていない場合には，取締役の評価の仕組み等の導入は不可欠というべきであろう。

　賞与に関する取締役の評価については，前述の決算賞与の設計に関する記述を参照いただきたい。

## (3) 再任基準

　再任の基準といっても，もちろん，取締役の選任は株主総会の専権事項なので，会社として取締役の再任基準を設けるということの意味は，株主総会に諮るための基準という意味である。

　そして，ガバナンス上再任基準を設けるのが好ましいとして，どのような基準を設けるべきかについては明確な指針は無い。しかし，そもそも株主が何のために企業に投資をしているのかといえば，通常は，当該企業の株価の向上や利益配当を期待してのことである。そうであれば，当期損失が発生した場合には，取締役は明らかに株主の期待に沿わない結果を生じさせたといえよう。とはいえ，経済状況，業界の動向，突発的なマイナス要因等トータルの事情如何によっては当期損失の発生がやむを得ない場合もある。そこで，こういった事情を勘案し，例えば，任期1年の企業であれば3期連続で赤字になった場合には取締役の再任は認めるべきでない方向で評価されて然るべきであろう。

　また，担当部門の業績について標準未満の評価結果を得た取締役についても再任を認めない方向で検討すべきといえよう。任期1年の企業であれば標準未満の評価が2回連続した場合には再任させない方向で検討すべきではないかと思われる。

　さらに，上記に加えて，企業としての人材マネジメント戦略も考慮すべきであろう。例えば，ハイリスク・ハイリターンを目指す企業であれば上記基準をさらに厳格に運用すべき方向になるのに対し，ローリスク・ローリターンを売

りにしている企業であれば上記基準を緩やかに運用すべきことになる。報酬の多寡も1つの目安になるわけである。

ちなみに，上場企業においても大多数の企業が明確な再任基準を持っていないとされている。

# 2 評価の方法

評価の方法であるが，取締役の評価は基本的には社長が実施することになる。とはいえ，恣意的な評価では納得性が低い。そこで，上記のように賞与であれば賞与用の取締役の評価基準，再任については再任についての評価基準をベースとしてこれらに副う形で，社長が評価を実施すべきであろう。

特に，上述の目標管理制度を導入する場合には，目標に定性的な項目が含まれる可能性が高く，その場合の評価においては，ある程度社長の裁量が認められることになろう。

# CHAPTER 9　社外取締役の報酬

## 1　社外取締役の役割等

　社外取締役とは，社内ではなく社外から招聘した取締役である。会社法上定義規定が存在し，厳密には，「株式会社の取締役であって，その会社またはその子会社の業務執行取締役または支配人その他の使用人ではなく，かつ，過去にその会社またはその子会社の業務執行取締役もしくは執行役または支配人その他の使用人となったことがない者」をいう（会社2条15号）。

　代表取締役，および，選定業務執行取締役（取締役の決議によって選定された取締役で業務執行を担当する者をいう。），さらには，事実上業務執行を行った取締役は業務執行取締役と呼ばれるが，この業務執行取締役は社外取締役に就任することができない。つまり，社外取締役は，業務を執行することが認められていない点が通常の取締役と異なる。ゆえに，社外取締役には内部出身の取締役による業務執行を監視監督することが期待されている。ビジネスの面からも，社外取締役には豊富な経験に基づく実践的な視点，さらには，社会・経済動向等についての深い見識に基づく客観的で専門的な視点から取締役会の意思決定や経営監督に対して妥当性をもたらすことが期待される。

　また，社外取締役を設置する意義として敵対的企業買収からの防衛との関係も指摘されている。すなわち，日系企業の取締役は内部出身者であることが多く，そのため株主にとって有利な買収も敵対的な買収にしてしまう可能性があるところ，社外取締役には真に株主にとって有利な買収かどうかを冷静に判断することが期待されている。ゴールデン・パラシュートの導入がほとんど無いわが国においては，本来友好的買収と認識すべき買収が取締役によって敵対的買収にすり替えられてしまうおそれがあり，社外取締役の客観的な判断によっ

てその危険性が薄まるという趣旨である。

## 2 社外取締役の報酬

そして，経営者報酬ガイドライン上，「非執行取締役の監督部分については，原則として業績連動賞与を付与すべきでない」ものとされている。これは，社外取締役については，賞与や株式連動型報酬を支給すべきでないことを意味する。社外取締役に社内出身の取締役の業務執行を監視監督することが主として期待されており，会社業績向上についてのインセンティブ報酬は不要だと考えられているためである。もっとも，社外取締役といえどもその利益は株主の長期利益と一致すべきであるから，株式連動型報酬が論理必然的に否定されるべきものとはいえないことに注意を要する。実際，米国等において社外取締役に対する株式保有ガイドラインを策定している企業も少なくない。上場企業に限定すれば約5社に1社がガイドラインを策定している状況にある。

これに対し日本では，社外取締役の報酬については，固定年俸一本だけを支給するものとする企業が大半である。

## 3 社外取締役の報酬水準

仮に，固定年俸一本を採用するとしてもその水準をどのような要素に基づいて決定すべきかが問題となる。

先ず，報酬水準の決定要素だが，他社水準をベンチマークとしつつ，どの程度の位置に設定すべきかについては，取締役と同様，①株主の意向，②業績，③リスク要因，④独立性に対する阻害要因，さらに，⑤外部価値も併せ考慮することになろう。

①は，株主がどの程度の水準を許容範囲と考えているのかがポイントとなる。②については，基本的には会社の業績とある程度相関があって然るべきではあるが，例えば，年俸が業績に対応する形で頻繁に大きく改定される等，短期的

な業績が社外取締役の動機付け要因にならないように留意する必要がある。③のリスク要因は代表訴訟の可能性等が典型である。④からは社外取締役が当該企業に報酬面で依存しすぎない程度の水準にとどめるべきとの要請が導かれる。さらに，⑤は属人的な要素であるが，当該社外取締役の社会的地位等が想定される。また，ここには当該企業の社外取締役の招聘の難易度も含めることができる。企業の知名度等によっては社外取締役の招聘が困難な場合も考えられるからである。

図表9－1は，社外取締役の報酬水準を示したものである。

### 図表9－1■社外取締役の金銭報酬総額の水準（全産業）

(単位：千円)

|  | 上場企業全体 | 従業員5,000人以上 | 従業員1,000人以上5,000人未満 | 従業員500人以上1,000人未満 | 従業員500人未満 |
|---|---|---|---|---|---|
| 上位25% | 9,484 | 11,310 | 9,600 | 6,000 | 6,900 |
| 中央値 | 6,000 | 8,400 | 6,000 | 3,600 | 3,600 |
| 下位25% | 3,600 | 6,903 | 2,760 | 164 | 1,494 |
| 平均値 | 6,675 | 8,974 | 5,894 | 4,150 | 5,538 |

## 4 報酬の決定プロセス

社外取締役の報酬の決定プロセスだが，報酬の構成要素およびその水準については，一定の基準に則って決定すべきである。もちろん，株主総会の承認を経た，取締役報酬の総額の範囲内でなければならないのはいうまでもない。この点，委員会設置会社については，報酬委員会が社外取締役の報酬水準等を決定することになる。

# CHAPTER 10　執行役員の報酬

## 1　執行役員制度

### (1)　制 度 趣 旨

　執行役員制度とは，取締役の数の増加を抑え，その代わりに従来であれば取締役に就任したであろう幹部を執行役員に就任させ，取締役の規模を縮小し意思決定のスピードを向上させること，意思決定機能と業務執行機能を分離して責任の明確化を図ることを狙った制度である。これは，1997年にソニーが取締役会改革の一環として導入して以降，日本において導入が進んでいる。現在は，過半数の上場企業が執行役員制度を導入しているといわれる。本制度は，法律上の制度ではなく，あくまでも実務上の工夫として編み出されたものである点に注意を要する（執行役が法律上の制度であるのと異なる。）。

　実際，執行役員制度を導入した結果，取締役の員数が減少し，これにより取締役における意思決定が迅速化したというケースは少なくない。

### (2)　会社と執行役員の関係

　執行役員制度については会社法に根拠規定が存在していないことから，執行役員は会社法上の役員には該当せず，「重要な使用人」（会社362条4項3号）に該当するとされる。

　執行役員と会社との間の契約関係についてみると，雇用型，委任型，および，併用型の3類型が存在する。

　雇用型とは，執行役員と会社との関係が雇用契約に基づくものであり，執行「役員」との名称が付されているものの，あえて雇用型を選択していることから会社としても執行役員を労働法上の「労働者」として扱う意思を有している

のが通常であるし，実際労働法の適用が認められることが多いであろう。もっとも，労働法上は執行役員の扱いについて定めた規定は存在せず，労働基準法上の「労働者」に該当するかどうかについては，使用者の指揮命令を受けているかどうかといった当該企業の執行役員制度の実態に着目した個別判断とならざるを得ない。

　これに対して，委任型は，会社と執行役員との間の関係を委任契約に基づくものとする。これは取締役と会社の関係と同じであり，執行役員を役員と同様に扱おうとするものである。ただし，委任型だからといって労働法の適用が一切無いわけではなく，その適否については，個別的な実態判断がなされることになる。また，委任型と法人税法上のみなし役員との間に対応関係があるわけでもない点にも留意する必要がある。さらに，併用型とは，例えば，役の付いていない執行役員を雇用型とし，常務執行役員等の役付の執行役員を委任型とするように，雇用型と委任型を併存させる形態である。

　雇用形態の相違による帰結の違いとして主要なのが，執行役員の地位を失った場合の取扱いである。すなわち，雇用型の場合には執行役員としての地位を失ったとしても，だからといって当該執行役員の従業員としての地位をも失わせることにはならない。解雇には労働法の適用があるからである。これに対して，委任型で，かつ，労働法の適用が無い場合には，執行役員の地位を失うことは会社からの退職を意味することになるのが通常である。

　かつて全ての執行役員について委任型を導入してきた企業の中には，近時，併用型を導入しようという動きも見られる。これは，例えば，40代で執行役員に就任したものの個人の業績が悪く，その結果，執行役員を解任される例が発生しているからである。つまり，40代で執行役員を解任されると従業員としての地位も失うことになり，転職をせざるを得ない。しかし，これは例えば部長職の従業員との対比上厳しすぎるのではないかという考えが背景にある。

## 2 執行役員制度に係る近時のトレンド

　執行役員制度が導入され始めた1990年代後半から2000年代初旬にかけては，執行役員制度を導入している企業の多くは，取締役に階層を設けていた。つまり，執行役員制度において階層を設けつつ（設けていない企業もあった。）も，さらに，取締役にも階層を設ける例も少なくなかった。例えば，取締役に社長，専務，常務といった役位が存在し，他方，執行役員に上席執行役員と執行役員の2階層を設けるといった形である。ところが，最近は，取締役に階層を設けず，執行役員にだけ階層を設けるという例が増えつつある。つまり，取締役としては取締役という階層だけを設け（代表権の有無はここでは階層に含めていない。），執行役員の中に社長執行役員，専務執行役員，常務執行役員，執行役員という階層を設けるものである。この場合，少なくとも上位の執行役員については取締役と兼務する例が多い。これは，監督業務との対比上，執行業務の方が業務の大きさ等による格付けに馴染みやすいためであろう。

## 3 執行役員制度を設計するにあたっての論点

### (1) キャリア・パス

　従業員の最高位を仮に部長とすると，その部長が昇進する際，①取締役と執行役員の役割を明確に分離し，両者を複線化しているパターン（どちらかに振り分ける。），②部長職から取締役と執行役員に同時に就任（つまり兼務）させるパターン，さらに，③先ず執行役員に就任させるケースがある。①の複線化を採用する企業では，取締役は監督業務，執行役員は業務執行という形で，業務を明確に分離しているケースが多い。この場合，執行役員に就任した部長がさらに取締役に就任する余地を認めるのかどうか等の問題が生じる。②のパターンもあるが，この場合，取締役と執行役員の格付けがやや不明確となるという問題が生じる。③がおそらく最も多いパターンである。

(2) 階　　層

　執行役員について階層を設定すべきかどうかについても検討を要する。

　仮に，キャリア・パスとして，部長→執行役員→取締役という昇進モデルを採用する場合で，かつ，取締役に複数の階層が存在する場合，執行役員については階層を設けない，あるいは，設けてもなるべく少ない階層とするのが自然である。部長と社長の間に余りに多くの階層を設けることに余り意味が無く，むしろ，対外的に年功的な企業という印象を与えることになる。

　逆に，取締役に階層を設けていない場合には，少なくとも日本では執行役員にある程度の階層を設けるのが通常であろう。勿論，特に階層（役位）を設けず，欧米のように担当領域別にCHRO，CFOといった機能に即した肩書きを付けるといった対応も考えられる。

(3) **執行役員と取締役の兼務**

　執行役員と取締役の兼務をどこまで認めるべきかどうかも1つの論点である。

　やはり，執行役員と取締役の序列を考えると，少なくとも社長については執行役員との兼務を認めるのが一般的である。そこで，社長未満についてどこまで兼務を認めるべきかどうかについて検討する。

　先ず，兼務型であるが，取締役全員に原則として執行役員を兼務する形態が考えられる。これと対極にあるのが，分離型で，取締役は原則として執行役員を兼務しない形態である。さらに，両者の中間的な形態として上位役位については兼務を認め，そうでない者には兼務を認めない形態もある。

　執行役員制度の趣旨，すなわち，意思決定機能と業務執行機能を分離して責任の明確化を図る点に立ち返ると，分離型こそが採用されるべきと言えそうである。ところが，そうなると取締役は基本的に業務執行を担わないことになり，社外取締役なら格別，社内出身の常勤取締役を想定した場合，これらの者に業務執行をさせないということになるが，それは余り現実的ではないと思われる。また，仮に取締役に階層を設けず，執行役員にだけ階層を設けたとすると，分離型においては役付執行役員と取締役の序列がわかりにくいといった問題も想

定される。

そこで，中間的な形態として，例えば，社長執行役員，専務執行役員，常務執行役員は取締役を兼務するものの役付きでない執行役員は取締役を兼務しないという形態が穏当にも見える。しかし，中間型には執行役員制度の趣旨に合致しないという批判があてはまることに注意を要する。

# 4 執行役員の報酬

### (1) 役員報酬と執行役員報酬

　執行役員が雇用型に位置付けられようが，委任型に位置付けられようが会社法上は「重要な使用人」に位置付けられる以上は，執行役員としての報酬は会社法361条の「報酬」には該当せず，株主総会の決議は不要となる。

　もっとも，法人税法上の役員給与に該当するかどうかは「みなし役員」に該当するかどうかにかかわる。上述のとおり使用人以外の者で経営に従事している者および同族会社の特定株主等である使用人については，みなし役員に該当する。そして，執行役員が雇用型に位置付けられる場合には，みなし役員に該当しないのが通常であろう。この場合，執行役員報酬は役員報酬ではなく，単なる従業員の報酬として扱われることになることになろう。つまり，課長や部長の賃金の延長線上に位置付けられる。これに対して，委任型の場合には，雇用型の場合よりは「みなし役員」に該当する可能性は高くなると思われる。例えば，社長執行役員が取締役を兼務しているような場合，取締役としての報酬は勿論，執行役員としての報酬についても法人税法上役員報酬として扱われる可能性が高いように思える。もっとも，みなし役員に該当するかどうかは個別的な実質判断を伴うため，委任型だからみなし役員に該当するとは一概には言えない。自社の実態を熟知している顧問税理士等に確認することが重要であろう。

## (2) 執行役員の類型

　執行役員報酬については，およそ①従業員の賃金体系に組み込むパターン（勿論，組み込まれつつも部長の水準よりは高く，賞与の比率も若干高いのが通常である。），②取締役の報酬と同一あるいは類似の報酬体系とするパターン，さらには，③上記①と②の中間的な形態，すなわち，執行役員独自の報酬体系とするパターンが存在する。

　執行役員の類型として委任型を採用する場合には②と③と親和性が高く，雇用型の場合には①あるいは②と親和性が高いが論理必然的なものではない。

## (3) 取締役の報酬と執行役員報酬の関係

　執行役員報酬の類型について①あるいは②を採用する場合には，取締役の報酬との関係が余り問題とはならない。しかし，③を採用する場合には，両者の設計上大きな関連性が認められる。この場合，取締役の報酬水準と執行役員の報酬水準については，どちらが高くあるべきかが問題となるが，執行役員が取締役会において選任されること，格付けとして多くの企業において取締役の方が上位にあるとされていることからすると，取締役の報酬水準の方が高くて然るべきであろう。

　執行役員が法律上の制度でないことから会社法，税法等と整合的な報酬制度を構築することは困難である。しかし，（少なくとも対内的には）以下のように考えることによってある程度統一的，かつ，合理的に取締役報酬と執行役員報酬を説明できるのではないだろうか。これは③を採用しつつ，取締役報酬との整合的な整理を試みるものといえる。

　例えば，X社の役員制度として執行役員制度と取締役が併存し，執行役員は，役付執行役員のみ取締役を兼務し，執行役員を兼務していない取締役は全員社外取締役だとする。取締役には階層は無い。この場合，取締役の身分に対して監督給を支給し，執行役員については役位に応じた執行給を支給する。そして，例えば，監督給を500万円，執行役員の執行給を，平執行役員，常務執行役員，専務執行役員，社長執行役員でそれぞれ1,500万円，1,600万円，1,900

万円，2,200万円とすると，執行役員の報酬は，1,500万円，取締役常務執行役員は1,600＋500＝2,100万円，取締役専務執行役員は，1,900＋500＝2,400万円，代表取締役社長執行役員は2,200＋500＝2,700万円となる。そして，社外取締役については，そのまま500万円が支給される。

　このように整理することによって，執行役員と取締役の序列を維持し，両者の報酬水準の整合性を取り，かつ，社外取締役と取締役の業務内容の違いも反映できるのではなかろうか。ただし，このように整理したからといって，例えば，取締役専務執行役員の執行給が会社法361条の報酬に含まれなくなるわけではない点に注意が必要である。

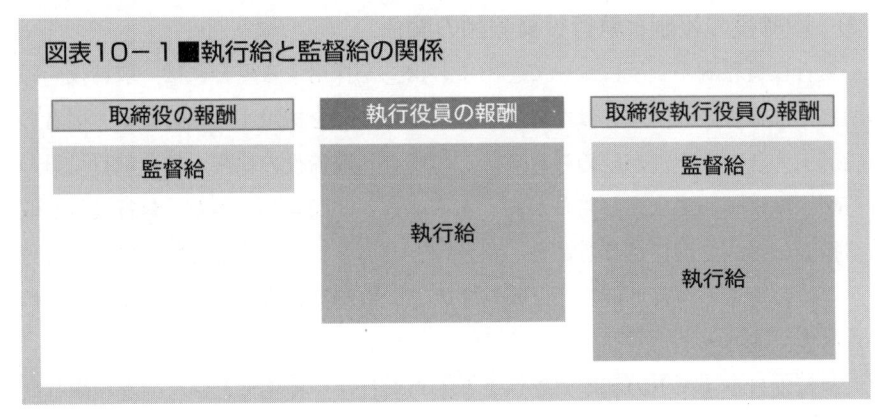

**図表10－1■執行給と監督給の関係**

| 取締役の報酬 | 執行役員の報酬 | 取締役執行役員の報酬 |
|---|---|---|
| 監督給 |  | 監督給 |
|  | 執行給 | 執行給 |

## 5　執行役員の退職慰労金

　執行役員の退職慰労金は報酬と同様に会社法361条の「報酬」には該当せず，株主総会決議を経る必要はない。つまり，会社法上は執行役員の退職慰労金は役員退職慰労金とは区別されている。

　実務上，執行役員について雇用型を採用する企業の多くは，執行役員に対して，従業員の退職金制度の延長上の制度を設置している。例えば，部長から執行役員に昇進したとしても，その時点では従業員としての退職金は支給せず，そのまま同退職金制度の適用を継続させる。ただし，それなりの水準が積み上

がるという意味においては執行役員の地位が考慮されている。また，中には従業員退職金制度とは異なる執行役員特有の退職慰労金制度を設置する企業もあるが，その場合であっても従業員の退職金に執行役員の退職慰労金を合算する形で退職時に支給する形を取ることが多いようである。

　これに対して，委任型の場合であるが，委任型の執行役員制度を採用したからといって論理必然的に執行役員特有の退職慰労金が必要となるわけではないし，執行役員の退職慰労金が会社法上取締役と同じ役員退職慰労金として扱われることになるわけではない。しかし，例えば，部長→執行役員（雇用型）→取締役常務執行役員（委任型）という形での昇進が予定されている場合には，執行役員（雇用型）が取締役常務執行役員（委任型）に就任した時点で，従来の退職金（部長としての従業員退職金＋執行役員としてのその延長線上あるいは執行役員特有の退職慰労金）を支給し，取締役執行役員として役員退職慰労金制度に移行することになるのが通常であろう。この場合には，取締役としての退職慰労金制度だけが適用され，執行役員としての退職慰労金制度は無くなるということになる。

## CHAPTER 11　使用人兼務取締役の報酬

## 1　使用人兼務取締役の会社法上の地位

　取締役の地位を有しながら使用人としての地位を併有する者を使用人兼務取締役という。例えば，取締役総務部長といった肩書きを有する取締役がこれに該当する。
　使用人と監査役との兼務は禁止されているものの（会社335条2項），取締役との兼務は禁止されていないことから，実際には，多くの企業で使用人兼務取締役が存在する。ただし，委員会設置会社における取締役については兼務が禁止されている点に注意を要する。
　取締役と使用人という一見相反する地位を併存させる実益は，使用人分の給与が原則として全額損金算入できるという点，および，使用人分の給与については株主総会決議を経る必要が無いとされる点にある。ところが，これを認めると，取締役分の報酬を大幅に減らし，使用人分の給与を増やすという事態を招き，会社法361条がお手盛りの防止の趣旨から株主総会決議を求めている趣旨を没却するのではないかとの疑問もある。
　しかし，判例（最判昭和60年3月26日判時1159号150頁）は使用人兼務取締役の報酬について，使用人として受ける給与の体系が明確に確立している場合においては，別に使用人として給与を受けることを予定しつつ，取締役として受ける報酬額のみを株主総会で決議することとしても，取締役として実質的な意味における報酬が過多でないかどうかについて株主総会がその監視機能を十分果たせなくなることは考えられない，として使用人分の給与を役員「報酬」に含まれないものとして明示してなされた株主総会決議は会社法361条に反しないとしている。

要は，①従業員としての給与体系が明確で，裁量の余地が無いようにしておくこと，および②株主総会において取締役の報酬決議をするにあたっては，報酬額に使用人分の給与が含まれていない旨を明示することの2点を押さえておけば，使用人分を含めない形での株主総会決議は会社法361条に反しないということになる。

## 2 使用人兼務取締役の税務上の地位

使用人兼務取締役の使用人としての職務に対する給与については，適正額である限り，使用人給与と同じ取扱いをし，役員給与等の損金不算入の規定の範囲から除外されている。

そこで，税務上，使用人兼務役員の範囲を明らかにする必要性が生じる。

ここに使用人兼務役員とは，「役員（社長，理事長その他政令で定めるものを除く。）のうち，部長，課長その他法人の使用人としての職制上の地位を有し，かつ，常時使用人としての職務に従事するもの」をいう（法法34条5項）。

**図表11－1■使用人兼務役員の要件**

| | |
|---|---|
| 1 | 社長，理事長等の特定の役員ではない |
| 2 | 部長，課長その他法人の使用人としての職制上の地位を有する |
| 3 | 常時使用人としての職務に従事している |

「政令で定める役員」については使用人兼務役員には該当しないが，具体的には以下の者がこれに該当する（法令71条）。

**図表11－2■政令で定める役員（使用人兼務取締役に該当しない）**

| | |
|---|---|
| (1) | 代表取締役，代表執行役，代表理事および清算人 |
| (2) | 副社長，専務，常務その他これらに準ずる職制上の地位を有する役員 |
| (3) | 合名会社，合資会社及び合同会社の業務執行社員 |
| (4) | 取締役（委員会設置会社の取締役に限る。），会計参与及び監査役並びに監事 |
| (5) | 同族会社の役員のうち一定の所有割合による判定要件を満たしているもの |

　上記(1)から(3)の者は，代表権を有する者あるいは会社を代表する権限有する者であり，(4)は，会社法等において，そもそも使用人を兼務することが禁止されている者である。

　(2)の「副社長，専務，常務その他これらに準ずる職制上の地位を有する役員」とは，「定款等の規定または総会もしくは取締役会の決議等により，その職制上の地位が付与された役員」であり，会社の内部組織上において明確にその地位が付与された役員をいい（法基通9－2－4），単なる通称または自称専務等のように，実態は単なる平取締役であるような者は該当しない。

　図表11－1に記載の要件第2に言うところの部長，課長のほか，法人の使用人としての職制上の地位とは，支店長，工場長，営業所長，支配人，主任等の法人の機構上定められている使用人たる地位をいい，取締役等で，総務担当，経理担当といった使用人としての職制上の地位ではなく特定部門の職務を統括しているものは，使用人兼務役員には該当しない（法基通9－2－5）。

　また，事業内容が単純で使用人が少数である等の事情により，法人がその使用人について特に機構としてその職務上の地位を定めていない場合には，当該法人の役員で，常時従事している職務が他の使用人の職務の内容と同質であると認められるものについては，使用人兼務役員として取り扱うことができるものとされる（法基通9－2－3）。

　さらに，図表11－1の第3に記載している通り「常時使用人としての職務に

従事するもの」という要件が存在することから，非常勤役員は使用人兼務役員になることは認められない。

以上から，監査役設置会社において使用人兼務取締役を設置する場合には，あくまでも平取締役に限定して使用人との兼務を認めるようにするのが無難であるし，実際，多くの上場企業においてそのような運用がなされている。

## 3 使用人兼務取締役の報酬

使用人兼務取締役も取締役である以上，先ずは，他の取締役の報酬制度を設計する場合と同様，取締役として（つまり，使用人を兼務していない前提で）報酬を設計するのが通常である。

このように使用人兼務取締役の報酬については，取締役を基準として設計した上で，取締役としての報酬全体のうち使用人相当分をどの程度にするかを検討することになるが，全体の何割を使用人分とし，何割を取締役分とするのが妥当かどうかについての明確な基準は無い。企業によっては，結果的に使用人相当分が8割程度で取締役相当分が2割程度となっているところもあれば，結果的に使用人相当分が9割程度となっているところもある。

困難な問題であるが，この点については，あくまでも使用人としての業務の実態と取締役としての業務の実態がそれぞれどの程度の割合なのかによって決定するしかないと思われる。もっとも，実際上は，例えば，総務部長が使用人兼務取締役に就任するにあたっては，従来の総務部長としての賃金がそのまま維持され，それに，取締役としての役割に相当する金額が加算されるという方法（「取締役の報酬－総務部長としての賃金」＝取締役としての報酬）を採用しているのが多数派だと思われる。

# CHAPTER 12　監査役の報酬

## 1　課題と方向性

### (1)　監査役報酬と構成要素

　監査役は，取締役（および会計参与設置会社においては会計参与）の職務執行を監査する立場にある。監査役は，原則として会計監査および業務監査を行う。

　なお，非公開会社においては定款の定めを置くことによって業務内容を会計監査に限定することも可能である（会社389条1項）。

　このように，監査役は社外取締役と同様業務執行を行わない立場にあり，そのため監査役に対して賞与や株式連動型報酬を支給することはガバナンス上問題がある。よって，監査役の報酬は固定報酬および（廃止傾向にはあるが）役員退職慰労金にとどめるのが好ましいといえる。かつては監査役に対して賞与やストックオプションを支給する例も少なくなかったが最近ではかなり減少している。仮に，現在でもこれらを支給している企業があれば，特段の事情が無い限り，廃止の方向で検討すべきであろう。

### (2)　監査役報酬の水準

　また，監査役の報酬でよくみられる課題が，監査役の報酬水準である。すなわち，企業によっては取締役が監査役に横滑りする例が少なくなく，その結果，監査役の報酬水準が取締役と同等あるいはより高くなっている。しかし，前述のとおり，役員の報酬水準を決定するにあたっては例えば，リスクという要素が重要であるところ，監査役は任期が4年と長く（会社336条1項），かつ，取締役ほどリスクが高くなく，その報酬水準は取締役より低くて然るべきである。

取締役のように「すごい人」である必要性は低く，外部価値が必ずしも高くないことが多いこともこれを補強するものといえる。とはいえ，監査役については独立性が保障されており，取締役が勝手に監査役の報酬を下げることはできない。そこで，監査役の報酬水準が妥当性を欠くほど高い場合には，一定の根拠に基づいて社長あるいは他の取締役から監査役に対して報酬水準の見直しについての検討をお願いするしかないだろう。

## 2 監査役に対する評価

　監査役には独立性が保障されており，そのため，取締役が監査役の業務を評価するということは問題である。とはいえ，不祥事さえ起こさなければ何をやっても評価が変わらないというのも問題である。
　そこで，監査役についても，一定の評価基準を作成し，監査役会内部等で運用することが望ましい。ただし，その結果を処遇に結びつけるといったことは監査役の独立性を侵害する可能性があり問題であろう。あくまでも気付きを与える限度での評価レビューに留めるべきである。

# CHAPTER 13　役員報酬の決定方法・プロセス

## 1　監査役会設置会社の場合

### (1)　通常の決定方法

　取締役の報酬等については，上述のとおり定款か，株主総会の決議を経なければならない。多くの企業では株主総会の決議によって定めるものとし，一旦報酬総枠の決議を取ると，その枠を増額する場合を除いては，毎年株主総会決議を経るという手続は採用していない。

　具体的な報酬額については，取締役会，さらには代表取締役社長に一任されているケースが多く，社長は，上述の具体的な役員報酬制度に基づいて，各人の報酬を決定することになる。

### (2)　任意の委員会としての報酬委員会

　取締役あるいは代表取締役社長に取締役の報酬に関する決定を一任することはガバナンス上余り好ましいとはいえない。それは，役員報酬について適切な制度設計がなされ，かつ，それが内規化されていたとしてもである。なぜなら，内規どおりに社長が運用している保障は無いからである。そこで，監査役（会）設置会社であっても委員会設置会社のように報酬委員会を設置し，社長の権限を縮小するとともに，取締役の報酬の透明化を図ろうとする企業が増えつつある。導入率もかつて10％程度だった任意の報酬委員会導入率が現在では20％程度にまで上昇している。これは多くの企業が役員報酬の決定プロセスをガバナンス上重視していることの表れといえる。

　勿論，報酬委員会を設置するからといって委員会設置会社における報酬委員会とは異なり，任意の報酬委員会に対しては会社法上の種々の制約は課されな

い。とはいえ、任意だからといって、単に報酬委員会を設置しただけでは設置した意味が薄い。設置する以上はガバナンスを強調したものであることが望ましいし、そうすることによって役員報酬の決定プロセスが健全化するし、投資家に対してガバナンスを重視している姿勢をアピールすることも可能となる。

実際には任意の機関とはいえ、ある程度しっかりした委員会にすべきという要望をもちつつも委員会設置会社ほどの縛りは設けたくないという企業が少なくない。そこで、両者の合理的な調和点として、以下のような制度が現実的ではなかろうか。

先ず、構成員には社外委員を含めることが望ましい。委員会設置会社のように社外取締役を委員の過半数とするのが理想であるが、なかなかそうはいかない。そこで、企業によっては社外取締役でない社外委員によって報酬委員会を構成することが現実的であろう。また、委員の任期についても長期にわたらないように注意が必要である。さらに、報酬委員会の権限等については、報酬委員会規程を制定し、報酬委員会の目的、権限等を明確化することが望まれる。また、報酬委員会の目的の1つが社長の報酬決定権を奪う点にあるのだから、報酬委員会における議論には基本的に社長の関与を認めないことが望まれる。とはいえ、社外委員の暴走もありえなくはないことから、報酬委員会を取締役の諮問機関として位置付け、報酬委員会における決定を尊重しつつ最終的には取締役会が報酬を決定するというプロセスが妥当であろう。

報酬委員会の開催頻度であるが、報酬委員会に何を求めるのかによって変わることになる。少なくとも役員報酬の方針、年俸、短期インセンティブの算定式、支給額については決定が必要だと思われ、そうであれば年に数回は開催せざるを得ないことになる。しかし、統計上は、年間1回しか開催していない企業が意外と多く、2回、3回開催する企業とならんで最も多い。

さらに、ディスクロージャー関連だが、報酬委員会の活動報告書を取締役会および監査役会に提出し、有価証券報告書の「コーポレート・ガバナンスの状況」の中にある「役員報酬」の項目に開示することによってガバナンスの充実を投資家に開示することが重要であろう。もっとも、形式等に特に縛りの無い

柔軟なディスクロージャー方法として，annual reportを利用することも考えられる。

なお，報酬委員会の設置と併せて任意の指名委員会を設置する例も少なくない。実際約15％の企業が任意の指名委員会を設置している。ちなみに，指名委員会とは，株主総会に提出する取締役（会計参与設置会社については会計参与も含む。）の選任や解任に関する議案を決定する機関である。一般に委員会設置会社ではない会社では，取締役の選任を含む株主総会に提出する議案は取締役会で決定することになっており代表取締役に人事権が集中するという課題が存在し得るところ，指名委員会には，かかる課題を解消する機能が期待されている。

## 2 委員会設置会社の場合

### (1) 報酬委員会

欧米では報酬委員会の設置がイギリスのように強制される例とドイツのように任意とされる例があるが，日本は中間的な位置にある。委員会設置会社に限り，報酬委員会の設置が強制されるものとしているからである。

上述のとおり，取締役の報酬は定款で定めるか株主総会の決議によって定められるものとされている（会社361条1項）。しかし，委員会設置会社においては報酬委員会において執行役等の報酬が決定されることとされ，会社法361条1項の適用が無く，株主総会の決議は不要とされる。

報酬委員会は，執行役等の個人別の報酬等の内容を決定する指針を定めた上（会社409条1項）で，それに従って，報酬の種類（確定額の報酬，不確定額の報酬，金銭でない報酬）毎に一定事項を決定する（会社409条3項）。委員会設置会社では，社外取締役が中心となって（会社400条3項），執行役の個人別の報酬を監督の一環として決定することになる。仮に，執行役が使用人を兼務している場合には，報酬委員会は，その執行役の使用人としての報酬等の部分についても決定することができる（会社404条3項）。これは，使用人の報酬等

の体系が明確に定められている場合であっても同じで，報酬委員会は執行役の使用人としての報酬について介入する権限が認められる。とはいえ，多くの委員会設置会社にあっては従業員の賃金体系が合理的に設計されていることが通常であり，ことさら当該執行役の使用人分の賃金体系を修正しなければ不都合が生じることは考えにくい。

報酬委員会による報酬決定は報酬委員会の固有の権限であるから，報酬委員会で決定した事項を取締役会で修正することは認められない。また，報酬委員会は，報酬等の決定を委員会で決定しなければならず，代表執行役等に決定を委任することはできない。

### (2) 報酬委員会の制度趣旨

#### イ) 業務執行者に対するガバナンスの向上

報酬委員会によって執行役等の個人別の報酬が決定されるものとした趣旨としては，代表取締役や取締役会の報酬決定権限を奪い，報酬決定プロセスを明確化することによって取締役会の構成員である取締役の地位の独立性を確保し，会社の業務執行者に対するガバナンスを高める点が挙げられる。

そもそも取締役の報酬は，株主総会の決議事項とされてはいるものの，株主総会においては報酬総額の上限が決定されるだけで，個々の取締役の報酬額は取締役会，さらには代表取締役社長に一任されることが多かった。つまり，取締役は自分の報酬を決定する立場にある代表取締役社長に対して強い態度が取れず，代表取締役の業務執行について十分な監督を行えないものとされていた。そこで，委員会設置会社においては，個々の取締役および執行役の報酬決定権限を代表取締役や取締役会から切り離し，社外取締役が過半数を占める報酬委員会に帰属させるものとした。

#### ロ) 戦略的な報酬制度の構築

報酬委員会が執行役等の個人別の報酬を決定するということは，株主総会から報酬決定の権限が移動したことになる。これは，株主総会というより報酬委員会による役員報酬決定の必要性が認められたからである。すなわち，上述の

とおり役員報酬は戦略的に定める必要があり，戦略的な役員報酬制度の構築は株主総会よりも報酬委員会による決定に馴染むといえる。一方，株主総会から報酬委員会に権限が移動したとしても，委員会設置会社においては報酬の決定の方針に関する方針の内容等を事業報告に記載して株主に開示しなければならないし（会規121条5号），執行役等の報酬は報酬総額が事業報告で開示される（会規121条3号）し，上場企業であれば改正内閣府令によって後述のディスクロージャーが求められていることから報酬委員会による報酬決定は株主利益に合致し，ガバナンスに反しないと考えられる。

### 図表13－1■報酬委員会の制度趣旨

| | |
|---|---|
| 1 | 業務執行者に対するコーポレート・ガバナンスの向上 |
| 2 | 役員報酬の戦略性を高める |

### (3) 報酬委員会の組織

　報酬委員会の委員は3名以上の取締役によって構成されなければならないとされ，かつ，過半数が社外取締役でなければならない（会社400条1項，3項）。仮に委員の数を3名とすれば，少なくとも2名が，4名とすれば少なくとも3名が社外取締役ということになる。

　理屈の上では社外取締役だけによって報酬委員会を構成することも考えられるが実務上はそのような例はほとんど存在しないと思われる。なぜなら，報酬額を確定するためには会社ないし個人の業績結果を考慮しなければならないのが通常であり，社外の取締役だけでは判断が困難だからである。実際，報酬委員会には社外取締役だけでなく社内の人材である執行役兼務取締役が委員として参画していることが多い。実務上の必要性があるとともに，監査委員会と異なり業務執行をしている人材であっても報酬委員となることが認められているからである。

　報酬委員の任期としては，委員会設置会社の取締役の任期と同じく1年とされる。ゆえに，報酬委員は，毎年，定時株主総会終結後の取締役会によって選

任されることになる。

(4) 報酬委員の役割

報酬委員会では，報酬委員会の職務の執行の状況を取締役会に報告する委員を選定しなければならない（会社417条3項）。

これに対して，報酬委員会の長その他の役職についての定めは無い。つまり，会社法上は，委員長その他の役職者を定める必要はないのである。とはいえ，報酬委員会が会議体である以上，少なくとも委員長ないし議長を決定しておくことは会議体運営上望ましいと言えよう。

誰を委員長にすべきかについてはしばしば議論の対象となるが，委員会設置会社制度の趣旨に照らすと，社外取締役から委員長を選任するのが自然といえよう。もっとも，委員会の招集，取締役会への報告等を社内の取締役が担当した方が効率的といったケースもある。そこで，実際には，委員会の招集や取締役への報告等の一部を社内取締役に実施させる運用も見られる。例えば，社内取締役に委員長を任せつつも，取締役会の召集（会社417条1項）は社外取締役に担当させるというケースもある。これは社外取締役に召集権限を付与することによって代表執行役（CEO）に対する牽制の意味合いを持たせているものと考えられる。

(5) 報酬委員会の運営

報酬委員会は各委員が召集することができ（会社410条），特定の委員だけを招集権者とすることはできない。とはいえ，実務上，報酬委員会の招集権限を有する者を定めておかないと不便なので報酬委員会規則において（原則的な）召集権者を定めておくのが通常である。

召集手続としては，原則として報酬委員会の会日の1週間前に各委員に対して通知を要するが，取締役会の決議によって短縮することができる（会社411条1項）。実際上は取締役会と同様に「会日の3日前」等と定めることが多い。報酬委員全員の同意があれば召集手続を省略することができる（会社411条2項）。

取締役，執行役または会計参与は委員会の要求があったときは，報酬委員会に出席し，委員会の求めた事項について説明をしなければならない。これは，報酬委員会がその権限を行使するためには，取締役，執行役の説明を求める必要が生じると予想されるためである。

　また，委員がその職務の執行について会社に対して①費用の前払い，②支出をした費用の償還および支出日以後における利息の償還，③負担した債務の債権者に対する弁済の請求をしたときは，会社は，その請求に係る費用または債務がその委員の職務の執行に必要でないことを証明した場合でなければこれを拒むことができない。これは，委員会設置会社以外の会社における監査役の費用等の請求や会計参与の費用等の請求に対応するものである。

　執行役等の報酬を報酬委員会で協議・決定するためにはそのベースとなる原案が必要となる。これを誰が作成するかについては特に決まりは無いが，常識的には，報酬委員となっている業務執行者（例えば，人事担当執行役兼務取締役でかつ報酬委員会のメンバーとなっている者）が役員報酬を管轄する部署（例えば，人事部，秘書室）と一緒に作成することになる。そして，この原案をベースとして報酬委員会の中で社外取締役（あるいはその他の委員）と協議しつつ原案を最終化することになる。その協議の過程において，報酬委員会として執行役等から何か直接説明を聞きたいと考える事項があれば，執行役等に対して報酬委員会に出席して報酬委員会の求める事項について説明することを要求することができる（会社411条3項）。

　報酬委員会での決議については，報酬委員の過半数が出席し，出席した委員の過半数の決議によって決定される。取締役会の決議によってこの要件を加重することもできる（会社412条1項）。

　報酬委員会を開催した場合には，当然ながら議事録を作成することが求められる（会社412条3項，会規111条3項）。議事録には議事の経過の要領およびその結果等を記載し，出席した報酬委員が署名または記名捺印する（会社412条3項）。

　報酬委員会の運営上，報酬委員会から取締役会への職務執行の状況に関する

報告も重要である。上述のとおり，報酬委員会の趣旨は「業務執行者に対するコーポレート・ガバナンスの向上」にある。そのためには，報酬委員会を含む3委員会が取締役会と密接に連携し，それぞれの委員会が取締役会に対して情報を提供することが不可欠である。報酬委員会が妥当な報酬制度の設計・運用を行うためには監査委員会や指名委員会，さらには執行役からの情報が取締役会に一元化され，その一元化された情報がフィードバックされなければ報酬制度，特に，業績連動型報酬の設計は困難である。そこで，報酬委員会は，取締役会への報告を担当する取締役を選定し，その取締役が取締役会に対して遅滞なく報告することを求めている（会社417条3項）。遅滞なく報告するためには取締役会が遅滞なく開催されなければならないことから報酬委員会において選定された取締役は取締役会を招集することが認められる（会社417条1項）。

### (6) 報酬委員会の運用

報酬委員会の開催時期については定めが無い。しかし，実際上，少なくとも株主総会直後にすみやかに第1回報酬委員会を開催し，ここで少なくとも以下について決定することが必要となると考えられる。

第2回以降については，種々考えられるが，例えば，役員報酬の改革を実施する場合にはその原案についての討議が何度か実施されることになるだろう。役員報酬全体の改革であれば少なくとも5回程度の検討は必要であろう。

報酬水準の妥当性を毎年検証している企業であれば，外部の役員報酬サーベイ結果が入手できるタイミングで水準についての見直しをすることになるかもしれない。水準の見直しをする場合，そもそも役員報酬サーベイが日本では，通常，6月の株主総会後に募集・実施されることを勘案すると，サーベイのフィードバック報告を入手できるのは早くても9月頃になることから，その頃のどこかのタイミングで委員会を開催することになろう。

賞与その他短期インセンティブについては，全社業績ないし個人業績の達成状況について把握するために中間レビューを実施することも考えられる。ストックオプションを実際に割り当てる場合には，基本方針に沿った詳細設計に

### 図表13-2 ■第1回報酬委員会における決定事項（例）

| No | 決定事項 | 内容 |
|---|---|---|
| 1 | 個人別の報酬の内容に係る決定に関する方針の決定 | 役員報酬戦略，役員報酬の方針に相当する。仮に前年度の方針を修正しない場合であっても方針を確認しておくことが望ましい。 |
| 2 | 年俸の決定 | 年俸は月例給として支給されるのが通常であるから，第1回報酬委員会で個人別の額を決定しておく必要がある。 |
| 3 | 賞与その他の短期インセンティブの算定方式 | 短期インセンティブについては，期初に算定式を決定しておかなければ意味が薄れる。そこで，第1回委員会において算定式を決定しておくことが望まれる。 |
| 4 | ストックオプションその他中長期インセンティブの付与に係る基本方針の決定 | ストックオプションについては，「額が確定しているもの」にも「金銭でないもの」にも該当する（会社409条3項1号，3号）ことから，報酬委員会の決定事項に該当する。 |
| 5 | 役員退職慰労金の支給額の決議 | 直前の株主総会終結時に退任した役員に対する役員退職慰労金の支給額の決議が必要となる。 |
| 6 | 報酬委員会の開催スケジュール | 報酬委員は報酬委員会業務以外の業務を兼務しているのが通常で，委員の出席を確保するためにも，第2回以降の開催スケジュールをある程度具体的に決定しておくことが重要である。 |

ついての討議が必要であろう。

　第1回報酬委員会以降，例えば，追加で3回程度の開催にするのか，月次で開催するのか，について各社の当該年度の事情等に照らして柔軟に決定することが望まれる。もちろん，臨時で開催の必要があれば追加召集が可能であることは言うまでもない。

　以上の報酬委員会の組織，役割，運営や運用等については報酬委員会規則に落とし込む必要がある。図表13-3は委員会設置会社であるエーザイ株式会社の報酬委員会規則の例である。規定の作成，改訂主体は報酬委員会ではなく，取締役会である。

### 図表13-3■報酬委員会規則の例（エーザイ株式会社）

（目的）
第1条　本規則は，エーザイ株式会社の報酬委員会に関する事項を定めたものである。

（権限）
第2条　報酬委員会は，取締役および執行役の個人別の報酬等の内容を決定する権限を有しており，法令または定款に別段の定めがある場合を除き，以下の事項の決定を行う。
(1) 取締役および執行役の個人別の報酬等の内容に係る決定に関する方針
(2) 取締役および執行役の個人別の報酬等の内容
(3) 前2号を決議するために必要な基本方針，規則および手続等の制定，変更，廃止
(4) その他，取締役および執行役の報酬等に関して報酬委員会が必要と認めた事項
2　報酬委員会は，職務執行に必要な事項に関して，取締役，執行役および使用人から随時報告を受けることができる。

（構成）
第3条　報酬委員会は，取締役会が選定する取締役（以下「報酬委員」という。）で組織する。
2　報酬委員会の委員長は，取締役会が選定する。

（招集）
第4条　報酬委員会は，原則として，報酬委員長が招集する。ただし，他の報酬委員も必要に応じて報酬委員会を招集することができる。
2　報酬委員会の招集通知は，日時，場所および議題を掲げ，会日の3日前までに，各報酬委員に対して，これを発するものとする。ただし，緊急の場合はこの期間を短縮することができる。
3　報酬委員全員の同意があるときは，前項の招集手続を経ないで報酬委員会を開催することができる。

（開催）
第5条　報酬委員会は，必要に応じて随時開催する。
2　報酬委員会は，本社において開催する。ただし，必要があるときは他の場所で開催することができる。
3　報酬委員会は，日本語にて開催する。通訳が必要な場合は，同席させることができる。

（議長）
第6条　報酬委員会の議長は，報酬委員長がその任にあたる。報酬委員長に事故があるときは，あらかじめ報酬委員会の定めた順序により他の報酬委員がこれに代わる。
（決議の方法）
第7条　報酬委員会の決議は，議決に加わることができる報酬委員の過半数が出席し，その報酬委員の過半数をもって決する。
2　報酬委員会の決議につき，特別の利害関係を有する報酬委員は，議決権を行使することができない。この場合，その報酬委員の議決権は，出席した報酬委員の議決権の数に算入しない。
（取締役会への報告）
第8条　報酬委員会が報酬委員の中から選定した委員は，報酬委員会の職務執行の状況を取締役会に遅滞なく報告しなければならない。
（委員会への報告の省略）
第9条　取締役，執行役または会計監査人が報酬委員の全員に対して報酬委員会に報告すべき事項を通知したときは，当該事項を報酬委員会へ報告することを要しない。
（議案関係者の出席）
第10条　報酬委員会が必要と認めたときは，報酬委員以外の者を報酬委員会に出席させ，その意見または説明を求めることができる。
（議事録）
第11条　報酬委員会の議事については，法令に従い議事録を作成し，出席した報酬委員はこれに署名または記名押印する。
2　報酬委員会の議事録は，本店に10年間備え置く。
（事務局）
第12条　報酬委員会に関する事務は，取締役会事務局がこれにあたる。
（改正）
第13条　本規則は，取締役会の決議により，改正することができる。

（出所：エーザイ株式会社ＨＰから引用）

CHAPTER **14** 役員報酬の総枠の決定方法

## 1 報酬総枠の決定プロセス

　実務上，取締役の報酬については取締役報酬の総額について枠取りの決議をし，事後，その範囲で報酬を支給する。つまり，総枠を超えない限りは改めて株主総会決議を経ないという運用が多くなされている。枠取りの方法については，月額ベースで取っているケース，年額ベースで取っているケース，年俸と賞与で併用するケースが存在するが，実務上は年額ベースのみで取るケースが最も多い。

　決して景気が良いとはいえない昨今，業績が上向いている企業は別として，取締役報酬の総枠の増額提案をするには抵抗を感じるのが通常であろう。株主を説得させるだけの材料を用意するのは容易ではない。「今後の経営計画との関係で取締役を増員する必要がある」といった説明，あるいは，「役員報酬における業績連動型の賞与のウェイトを増やすので業績如何によっては報酬総枠を超えることがあり得る」といった説明が考えられるが，企業によっては必ずしも説得的ではない。

## 2 報酬総枠の変更と役員退職慰労金の廃止

　役員報酬の総枠の変更は，役員数を増員するといったケースや，役員報酬を増額せざるを得ないような場合に生じることがあるが，最近は，退職慰労金の廃止に伴って多く見かけるようになっている。すなわち，退職慰労金の廃止の際，多くの企業においては退職慰労金の将来分の1年間相当額の全額（ここに税金補填分を加算するケースも多い。）あるいは一部を月例報酬等に乗せて支

給しており，これに伴い，取締役の年間トータルの報酬額が総枠を超えそうになるというケースが少なくない。

上述の説明と退職慰労金の廃止に伴う役員報酬の増額の必要性を併せることによって総枠の拡大の説得力は高まると思われる。総枠に余裕のない企業，総枠を広げたいと常々考えていた企業については，退職慰労金の廃止は総枠拡大を見直す良い機会かもしれない。

## 3 報酬総枠の範囲の決定方法

総枠をどの程度の範囲に設定するべきかについては明確な指針は無い。現存の取締役の報酬を勘案し，合計額を総枠とする方法では総枠を超えてしまう事態が生じかねないし，他方，不要に多額の総枠を取ることは株主から理解を得られない可能性がある。そこで，総枠を増額する場合，いかにして妥当な総枠を設定すべきかが問題となる。図表14-1は不二製油株式会社による報酬総枠の増額改定に係る株主総会議案である。

**図表14-1■取締役報酬増額改定に係る議案（不二製油株式会社）**

取締役報酬額改定の件

　当社の取締役報酬総額は，平成19年6月22日開催の第79回定時株主総会におきまして年額5億年以内（うち社外取締役1,200万円以内）とご決議いただき今日にいたっております。

　その後の経済情勢の変化に加え，役員退職慰労金制度の廃止や役員報酬全体の見直しの実施など諸般の事情を考慮いたしまして，賞与を含めた取締役の報酬額を年額6億円以内（うち社外取締役3,000万円以内）といたしたく改定をお願いするものです。

　なお，取締役の報酬額には，従来どおり，使用人兼務取締役の使用人分給与は含まないものといたしたいと存じます。現任の取締役は16名（うち社外取締役1名）でありますが，第○号議案が原案どおり承認可決されますと取締役の員数は14名（うち社外取締役1名）となります。

以上

（出所：不二製油株式会社ＨＰ内のニュースリリース第84回定時株主総会召集通知から引用）

# CHAPTER 15　役員の選抜・育成(サクセッション・プラン)

## 1　役員の選抜・育成の重要性

　経営戦略を達成するためには,優秀な役員を獲得し,繋ぎ止めることが重要である。優秀な役員を動機付けるための報酬制度も重要である。しかし,それだけでは必ずしも十分ではない。欧米とは異なり,日本では役員を内部から任用することが多く,ゆえに,優秀な人材を育成することの重要性が高い。ただ,役員になれる人材を育成するといっても管理職層全体を底上げすることは困難である。限られた資源を有効に活用する必要があるし,役員になれそうな人材は限られているからである。そこで,一定の要件の下,優秀な人材を選抜し,その上で選抜された人材を育成するという方法を取らざるを得ない。

　東証一部上場企業に限定すれば,約15%の企業が役員の選抜・育成といったサクセッション・プランを導入し,現時点で導入していない企業の約20%の企業がサクセッション・プランの導入を検討している状況にある。

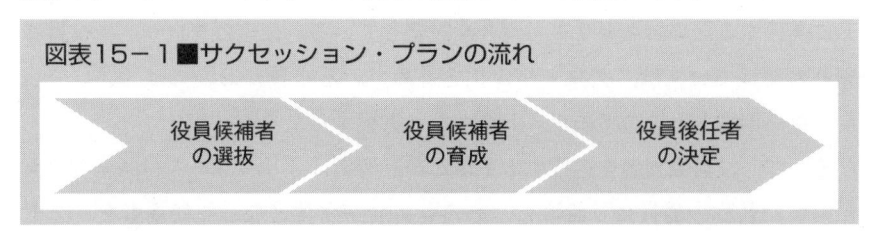

図表15－1■サクセッション・プランの流れ

役員候補者の選抜 → 役員候補者の育成 → 役員後任者の決定

## 2　役員候補者の選抜

　上述のとおり,各企業においてあるべき役員像を策定することが望ましく,このあるべき役員像に近づけるだけの素養を持った人材を役員候補者として選

抜しておくことが重要である。役員が欠けたので唐突に部長層から1人役員を選抜するというのでは場当たり的といわざるを得ない。部長と役員では役割が異なり，部長として好業績だからといって役員として好業績を収められる保障はない。候補者層としては，執行役員，本部長といった役員より1つ下の階層の人材が直接的には想定されるが，さらにその下の階層，さらにもう1つの階層まで広げることもあり得る。その場合，第1グループ，第2グループ，第3グループといった形で候補者をグルーピングし，育成方法をレベルに応じて変えるのが望ましい。

　では，役員候補者，すなわち，あるべき役員像に近い能力等を持った人材をどのように選抜すべきか。

　この点，会社における過去のキャリア，専門的知識・スキル，さらに，リーダーシップ等を典型とするコンピテンシー（行動特性）をベースとして策定したポスト毎の人材要件に基づいて決定することになる。コンピテンシーの有無については，過去のコンピテンシー評価も1つの参考になるし，場合によっては外部機関によるコンピテンシーのアセスメントを併用することもあろう。

　会社によっては，役員候補ないしは経営幹部が設置されるポストをあらかじめ決定し，それぞれのポスト（例えば，営業本部長とその下の第1営業部長と第2営業部長）において要求される人材像を策定するとともに，これらのポストに就任するためのキャリア・パスを設定している。後述のグローバル役員報酬との関係でいえば，グローバル化を進めている企業においては，グローバル・キーポストとここでのポストがかなり重複するだろう。

　そして，役員候補者を選抜する主体だが，例えば，リーダー人材開発委員会といった名称の委員会を設置し，その委員会が主体となって候補者をリストアップすることになる。委員会は社長，人事部長，取締役の一部によって構成される例が多い。とはいえ，委員会だけでは身軽に動くことができないため，選抜手続が円滑・迅速に進むよう，委員会の運営や人事情報の収集・管理等を事務局にサポートさせる必要がある。ただし，事務局といっても性質上，人事部長ないしそれに準じる人材が担当すべきであり，人数も数名に限定すべきで

あろう。

　リーダー候補者の選抜の流れとしては，①候補者の推薦，②推薦案の妥当性の検証，③委員会による決定が想定される。①のプロセスにおいては，各委員が役員候補者を推薦する。これを受け，②では事務局が中心となって，①の候補者の妥当性を検証することになる。その際，人事情報等をベースとして役員候補者が選抜されたとしたら（つまり，従来の方法で選抜されるとしたら）どの人材が選抜されることになるのかを検討し，この検討結果と①の推薦者を比較対照することによって①の推薦者リストに人材の漏れがないかといった検証作業も行われることになろう。

　③では，あるべき役員候補者像と候補者を照らし合わせ，その他の情報を総合的に勘案して委員会が候補者を決定する。企業によっては，②と③の間に第三者による客観的な評価・アセスメントの実施を仕組み化している。この場合，③においてアセスメント結果等も総合考慮に含めることになる。

## 3 役員候補者の育成

　選抜された候補者を育成するためには，上述の候補者選抜にあたって用いたポスト毎の人材要件と当該候補者が現に備えている要件とのギャップを洗い出す必要がある。その際，その候補者の強み，弱み（改善が必要となる点）を洗い出すことになる。その上で，中期の育成方針を策定し，これを単年度の目標に落とし込むことになる。中期育成の方針は，何年かけて役員候補を育成するのかといった期間を決めた上で決定することになろう。人材育成の方法には異動・ローテーション，配置，それから研修が考えられることからそれぞれの面に分けて施策を決定するのが有効である。

　図表15－2は，冒頭でご紹介したグローバルでサービスを展開する企業のグローバル事業開発担当取締役のあるべき役員像をベースとした候補者の育成計画書であり，当該ポストにおいて求められる要件と実際の候補者X氏の育成計画によって構成されている。

### 図表15-2 ■役員候補者育成計画書(例)－グローバルサービス企業A社の例

| 候補者グループ | Group 1 | | 想定される就任ポスト | グローバル事業開発担当取締役 |
|---|---|---|---|---|
| 期待されるコンピテンシー | 競争力 | | 日本において新たな市場を発掘ないし生み出すことができる。また，アジア諸国との連携を図り，新規市場を生み出しつつある。 | その他の要件 |
| | 影響力 | | 誰もがその人材の意見等に耳を傾け，社内外において幅広く賛同・支持を得られることができる。 | 特に無し |
| | 戦略的方向性 | | 社内外の賛同が得られる中長期ビジョン，戦略，ビジネスモデル等を示すことができる。 | |
| | 業績の向上を促す力 | | 各組織のリーダーに業績責任を具体的に理解させるとともにそれにコミットさせ，成功を促すことができる。 | |
| | 人材育成 | | 将来のリーダーに対して効果的なコーチング，メンタリングを施し，それらの人材の能力を向上させることができる。 | |
| | 指導力 | | 部門，サービスラインを問わず，リーダーシップを示すことができる。 | |
| 知識・スキルおよび経験 | 組織運営，人材マネジメントの経験 | | 部門，サブ・サービスライン等の責任者として組織の戦略を策定し，組織を指揮した経験がある。 | 主要なサービスライン内の部門のリーダーとしての経験が短期間ある。 |
| | 英語でのコミュニケーション | | グローバルにおける交渉，提案等の場において，文化，意見等の相違を乗り越えてある程度相手を説得することができる。 | |
| | 専門性 | | 社内外の専門性を活用し，国内のグループ会社の経営者として適切な見解や判断を外部に示すことができる。 | |
| | グループ内でのネットワーク | | 国内の各サービス・ラインのリーダーはもとより各国法人，特にアジア諸国のリーダーと信頼関係を構築している。 | |
| | クライアントとのネットワーク | | グループにおける複数のプライオリティー・アカウントと密接な関係を保ち，クライアントの重要な意思決定において助言を求められる立場にある。 | |

## CHAPTER 15■役員の選抜・育成（サクセッション・プラン）

| 候補者X氏の分析結果，中期育成の方針 ||
|---|---|
| 強み | 出身部門のサービスについては国内，特に金融業界において極めて強い影響力がある。<br>国内のクライアントとの関係構築には極めて強い力を発揮する。<br>新規ビジネスの立ち上げの経験があり，強いリーダーシップで当該ビジネスの経営計画を達成させた。 |
| 弱み | 出身部門の事業に対しては深い理解があるが，他のサービスラインの中の一部のサブ・サービスラインに対する理解が深くない面がある。<br>欧米諸国の事務所とも関係を構築できているが，強いパイプとまではいえない。<br>英語でのコミュニケーション能力がもう一歩である。 |
| 中期育成の方針 | グローバルでのプロジェクト，海外法人への赴任等により弱みを克服させる必要がある。<br>他のサービスラインとの強い関係構築を実行する必要がある。 |

| 当期育成計画 ||||||
|---|---|---|---|---|---|
| 強化すべき経験等 | 今期目標 | 異動・配置に関する施策 | 研修による誘導 | モニタリング（中間） | モニタリング（期末） |
| 海外におけるグループ内ネットワーク構築の経験<br>組織・人材マネジメントの経験 | 国内の他のサービスラインとの関係強化<br>欧米諸国の法人との関係強化<br>人材マネジメントを経験する | グローバルプロジェクトへの参画<br>人事部長と共に人材マネジメントに従事 | リーダーシップ研修<br>トップ・マネジメント研修<br>組織マネジメント研修 | グローバルプロジェクトにおいて存在感を示しつつある | グローバルプロジェクトを指揮できるレベルにはやや達していない |

役員候補者の異動については，複数のキャリア・パスが通常あり得るが，その際の人事権は，候補者以外の人材のケースとは異なり，トップ・マネジメントの専権とすべきである。役員候補者の育成はトップ自らが関与することが望ましいからである。

## 4 役員後任者の決定

役員候補者の選抜，育成の次は，役員後任者の決定である。

取締役ポストの後任者の決定にあたっては，育成された候補者の中から数名を選抜し，これらの人材の中で最適な人材を委員会で検討・決定し，最終的にトップ・マネジメントが最終的な判断を下すことになる。その際の材料としては，候補者情報，それぞれの育成計画書，育成の進捗・結果等である。比較にあたっては，細かな話だがそれぞれの候補者を比較しやすいように候補者情報を一覧表に取りまとめておくことが望ましい。

これらの情報に基づいて委員会で検討がなされ，委員会の中で後任者の仮決定がなされ，その推薦に基づいてＣＥＯ等が最終的に後任者を決定することになる。

## CHAPTER 16　役員報酬とディスクロージャー

## 1　会社法上のディスクロージャー

会社法上は，役員報酬の開示は事業報告書を通じて行われる。
事業報告書においては，以下の2点が開示されなければならない。

図表16－1■事業報告書上のディスクロージャー項目

| | |
|---|---|
| 1 | 実績開示<br>当該事業年度において受け，又は受ける見込みの額が明らかとなった会社役員の報酬等（会規121条4号） |
| 2 | 方針開示<br>各会社役員の報酬等の額又はその算定方法に係る決定に関する方針を定めているときは，当該方針の決定の方法及びその方針の内容の概要（会規121条5号） |

### (1)　実績開示

　開示の対象者は「会社役員」であり，具体的には，取締役，会計参与，監査役および執行役が該当する（会規2条3項4号）。
　そして，会社役員の「報酬等」の「額」が開示の対象となる。ここにいう「報酬等」（会規121条3号）は，会社法361条1項の報酬等と同義とされているので，ここには年俸，賞与，ストックオプション，退職慰労金等の職務執行の対価が含まれる。そして，これらが全て「額」で開示されることになる。
　また，社外役員を設けた場合には会社法施行規則124条6号により社外役員分の報酬総額を別途記載しなければならないとされる。社外役員の中に当該株式会社の親会社または当該親会社（当該株式会社に親会社がない場合にあって

は当該株式会社）の役員を兼務している者がいる場合には，兼務者がこれらの会社から受けた役員報酬等の総額のうち，当該事業年度において社外役員であった期間に受けたものを記載しなければならない（会規124条8号）。

### (2) 方針開示

公開会社では，各会社役員の報酬等の額又はその算定方法に係る決定に関する方針を定めているときは，当該方針の決定の方法およびその方針の内容の概要を当該事業年度に係る事業報告の内容にしなければならない。

しかし，委員会設置会社以外の会社については，会社法レベルでは開示の省略が認められている（会規121条本文但書）。

## 2 金融商品取引法上のディスクロージャー

有価証券報告書提出会社は，事業年度毎に有価証券報告書を作成して，当該事業年度経過後3ヶ月以内に内閣総理大臣に提出しなければならない。有価証券報告書における開示内容は内閣府令に委ねられており（金商法24条），役員報酬との関係では「企業内容等の開示に関する内閣府令」が開示内容を定めている。具体的には，2010年3月31日施行の改正後の開示府令に基づいて上場企業では，以下の3点の開示が義務付けられた。

**図表16-2■改正開示府令に基づく役員報酬に関する開示**

| | |
|---|---|
| (1) | 取締役（社外取締役を除く。）・監査役（社外監査役を除く。）・執行役・社外役員に区分した報酬等の総額，報酬等の種類別（基本報酬・ストックオプション・賞与・退職慰労金等の区分）の総額等 |
| (2) | 役員ごとの提出会社と連結子会社の役員としての報酬等（連結報酬等）の総額・連結報酬等の種類別の額等（ただし，連結報酬等の総額が1億円以上の役員に限ることができる。） |
| (3) | 提出日現在において報酬等の額又はその算定方法の決定方針がある場合，その内容及び決定方法 |

(注1) 報酬等とは，報酬，賞与その他その職務執行の対価として会社から受ける財産上の利益であって，当事業年度に係るもの及び当事業年度において受け，又は受ける見込額が明らかとなったものをいう。
(注2) 提出会社の役員が連結子会社から受ける役員報酬等につき，例えば，重要性に乏しい複数の連結子会社から役員として受ける報酬等の合計額が提出会社の役員として受ける報酬等の額に比して稀少であるような場合には記載を要しないものと考えられる。
(注3) 使用人兼任役員の使用人給与分のうち重要なものがあれば，総額及び内容等を記載する。

### 図表16-3 (1)に係る監査役会設置会社の開示例
（株式会社みずほフィナンシャルグループ）

| 役員区分 | 対象となる役員の員数（人） | 報酬等の総額（百万円） | 報酬等の種類別の総額（百万円） | | | | |
|---|---|---|---|---|---|---|---|
| | | | (a)基本報酬 | (b)ストックオプション | (c)役員賞与 | (d)役員退職慰労金 | (e)その他 |
| 取締役（除く社外取締役） | 9 | 236 | 189 | 45 | — | — | 1 |
| 監査役（除く社外監査役） | 4 | 45 | 44 | — | — | — | 0 |
| 社外役員 | 7 | 56 | 58 | — | — | — | 0 |

（出所：株式会社みずほフィナンシャルグループ第10期［平成23年4月1日から平成24年3月31日］有価証券報告書）

図表16-4 ■(2)に係る開示例（武田薬品工業株式会社）

| 氏名<br>(役員区分) | 連結報酬等の総額（百万円） | 会社区分 | 連結報酬等の種類別の額（百万円） | | | |
|---|---|---|---|---|---|---|
| | | | 基本報酬 | 賞与 | ストックオプション | 退職慰労金または退職給付関係費用 |
| 長谷川閑史<br>(取締役) | 305 | 提出会社 | 144 | 77 | 84 | － |
| 山田忠孝 | 249 | 提出会社 | 9 | － | － | － |
| | | 武田ファーマシューティカルズ・インターナショナル Inc. | 51 | 87 | (注)98 | 4 |
| フランク・モリッヒ<br>(取締役) | 269 | 提出会社 | 9 | － | － | － |
| | | 武田ファーマシューティカルズ・インターナショナル Inc. | 73 | 73 | (注)103 | － |
| | | 武田ファーマシューティカルズ・インターナショナル GmbH | 11 | － | － | － |

（注） 武田ファーマシューティカルズ・インターナショナル Inc.で採用する報酬制度のうち，提出会社の株価を参照する株価連動型報酬についての費用計上額であります。

（出所：武田薬品工業株式会社第135期［平成23年4月1日から平成24年3月31日］有価証券報告書から引用）

### 図表16−5 ■(3)に係る役員報酬の方針の内容等に係る開示例
（旭硝子株式会社）

役員の報酬等の額又はその算定方法の決定に関する方針の内容及び決定方法
イ　報酬に関する方針の内容
　　a　報酬制度の基本的な考え方
　　　当社は報酬原則において，役員報酬全般に関わる基本的な姿勢及び考え方を次のとおり定めています。
　　　・　競争優位の構築と向上のため，多様で優秀な人材を引きつけ，確保し，報奨することのできる報酬制度であること
　　　・　企業価値の持続的な向上を促進するとともに，それにより株主と経営者の利益を共有する報酬制度であること
　　　・　ＡＧＣグループの持続的な発展を目指した経営戦略上の業績目標達成を動機付ける報酬制度であること
　　　・　報酬制度の決定プロセスは，客観的で透明性の高いものであること
　　b　報酬の構成
　　　当社役員の報酬制度は，固定報酬である「月例報酬」と，業績連動報酬である「賞与」及び「株式報酬型ストックオプション」で構成されます。賞与は，単年度業績目標達成へのモチベーション促進を目的として，単年度の連結業績（キャッシュフロー及びＥＶＡ（経済付加価値）等）に応じて変動する仕組みとしています。また，株式報酬型ストックオプションは，株価変動のメリットやリスクについても株主と共有し，中長期での業績及び企業価値向上への貢献意欲や士気を向上させることを目的としています。
　　　報酬の構成は，執行役員を兼務する取締役については，月例報酬，賞与及び株式報酬型ストックオプションの３つで構成しており，執行役員を兼務しない取締役については，月例報酬及び株式報酬型ストックオプションで構成しています。また，社外取締役及び監査役については，月例報酬のみとしています。
　　c　報酬水準
　　　当社役員の報酬水準については，第三者機関が実施する調査データの中から，大手製造業の報酬データを分析・比較し，報酬委員会にて検証しています。
ロ　報酬の決定方法
　　　上記「①企業統治の体制（ｉ）企業統治の体制の概要」に記載のとおり，報酬委員会において，報酬原則を踏まえ，取締役及び執行役員の報酬制度・水準等を審議し，取締役会に提案するとともに，報酬支払結果を検証することによって，報酬の決定プロセスに関する客観性及び透明性を高めています。

（出所：旭硝子株式会社第87期［平成22年１月１日から平成23年12月31日］有価証券報告書から引用）

なお，法的拘束力は無いが，2007年10月の日本取締役協会のディスクロージャー委員会による経営者報酬ガイドラインにおいて，①報酬の方針を策定しこれを開示すべきこと，②経営者の資質，能力，業績結果に十分報いる報酬水準とすべきこと，③業績連動賞与と株式連動型報酬を拡大すべきこと，さらに，④非執行取締役の監督部分については，原則として業績連動賞与を付与すべきでないこと等が謳われている。これは，上場企業だけでなく，非上場企業にも該当するものとされている。

# CHAPTER 17　グローバル役員報酬

## 1　グローバル役員報酬

　グローバル役員報酬とは，日本だけでなく海外の事情を大きく考慮した役員報酬で，外国人を典型とする海外の経営幹部を本社の役員として迎え入れるのに適した報酬制度をいう。あくまでも日本の報酬制度であり後述の海外経営幹部の報酬とは異なる。

　グローバル役員報酬を構築する必要性が生じるのは，グローバルでの人事制度構築，あるいは，その部分としてのグローバル報酬制度を構築する場合である。例えば，現地法人の社長の格付けが本社の役員の一部と同じになるケース，より具体的には，大規模拠点である米国法人の社長の格付けが本社の執行役員と同一のグレード（等級）に格付けがなされ（図表17－1でいうところの拠点分類Ⅰの1等級が本社の執行役員と同一の格付けがなされる場合），その結果，本社の役員報酬に影響を与えるケースが典型である。

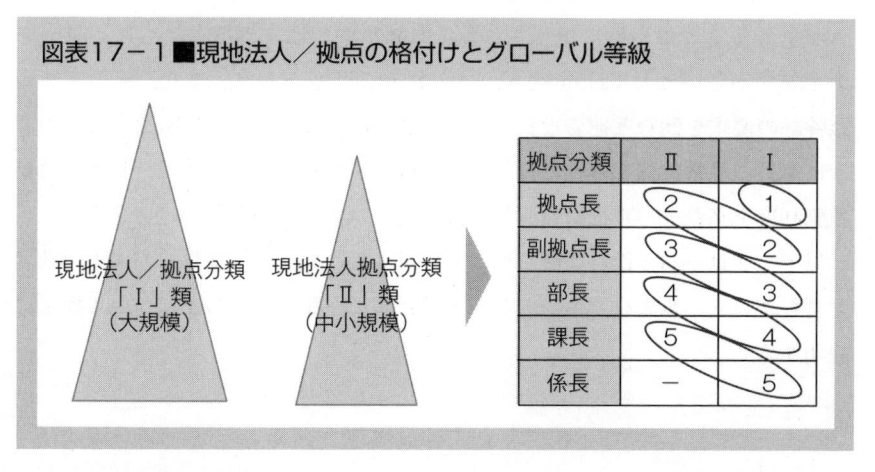

図表17－1■現地法人／拠点の格付けとグローバル等級

| 拠点分類 | Ⅱ | Ⅰ |
|---|---|---|
| 拠点長 | 2 | 1 |
| 副拠点長 | 3 | 2 |
| 部長 | 4 | 3 |
| 課長 | 5 | 4 |
| 係長 | － | 5 |

現地法人／拠点分類「Ⅰ」類（大規模）
現地法人拠点分類「Ⅱ」類（中小規模）

図表17-1はグローバル等級制度構築（グレード合わせ）のイメージである。ここでは海外の拠点間でのグレード合わせを示している。同様に，日本本社と「Ⅰ」類の等級合わせの結果，大規模拠点の経営幹部が日本本社の役員レベル（取締役または執行役員）として格付けされることがある。

　グローバル人事制度やグローバル報酬制度を構築したとしてもその射程が本社の役員報酬に影響を与えない，つまり，本社の役員報酬制度がグローバル人事制度から切り離されている場合（①日本の制度と海外の制度が切り離されている場合，および，②日本の制度と海外の制度は切り離されていないものの当該グローバル人事制度が従業員レベルを対象とするにとどまる結果，役員報酬制度とは切り離されている場合）には役員報酬制度の改革の必要性は低い。ただし，本社の役員報酬制度とグローバル制度が切り離されている場合であっても，グローバル化を反映させた形で役員報酬制度を改革せざるを得ないことも十分あり得る。グローバル人事制度と役員制度が切り離されていたとしても海外経営幹部を本社の役員として任用するといった事態は十分想定され得るところで，その場合にも日本本社の役員報酬をグローバル化する必要性が生じるからである。例えば，重要な米国法人の経営幹部を本社の取締役として任用する場合，報酬水準はもとよりそもそも報酬戦略や報酬構成要素が異なることが少なくなく，当該経営幹部としては日本の取締役になると報酬面で大きなマイナスが生じることが容易に予想される。報酬水準が低すぎるとともにインセンティブが小さいとしてNoを突きつけられることもあろう。また，そのまま当該幹部の要求を飲むと他の役員との内部公平性に反することにもなる。このように海外の経営幹部を本社の役員として迎え入れるにあたっては，日本の役員報酬制度をグローバル役員報酬制度に変えていく必要があるわけである。

　以下，グローバル役員報酬について検討するに先立ち，グローバル人事制度を含むグローバル人材マネジメントとはどのようなものなのかについて簡単に説明する。

### 図表17−2■グローバル役員報酬制度の必要性

| 1 | 優秀な海外経営幹部を本社の役員に任用するため |
|---|---|
| 2 | 優秀な海外経営幹部を本社の役員として繋ぎ止めるため |
| 3 | 日本の役員との関係で報酬面での内部公平性を図るため |

## 2 グローバル化とグローバル人材マネジメント

### (1) グローバル人材マネジメントとは

　グローバル人材マネジメントとは，日本国内の事情だけでなく海外の事情も勘案した，渉外的要素のある人材マネジメントをいう。日本をも含めたグローバルにおける統一人事制度の構築を指す場合もあれば，日本以外で統一されたグローバル人事制度を指す場合もある。日本から独立したリージョン別（例えば，アジア・パシフィック，欧州）の制度であっても国を跨ぐ以上，グローバル人事制度に位置付けることができる。もちろん，制度構築だけでなくグローバルでの組織風土・カルチャーの統一といった非制度的な対応も含まれる。

### (2) グローバル化とグローバル人材マネジメントの必要性

　グローバル化が急激に進んでいることは論を待たない。例えば，ダブリンでアップロードされたコンテンツがYouTubeを経由して瞬く間に世界中を駆け巡るのはもはや当たり前である。サッカーの世界では，日本代表クラスの選手の多くは海外でプレーしており，イングランドのプレミア・リーグ，イタリアのセリエA，ドイツのブンデス・リーガといった欧州の主要リーグで日本人が当たり前のように活躍している。

　企業に目を向けると，大企業はもとより，最近では中小企業による海外進出も大きく増加している。中でも対アジアでは，小売業や外食業など，BtoCの海外進出が本格化している。

　そういった中，グローバル人材マネジメントの必要性は高まっている。その

背景としては種々想定されるが，そのうち最も本質的なのがバリュー・チェーン全体としての海外移転である。例えば，製造業であれば，かつては製品の製造と販売だけが海外で行われ，製品の企画／開発については日本国内で行われるケースが多かった。ところが，コスト面での競争が激しくなり，「少しだけ良い」製品では売れなくなってきた。また，日本国内で企画／開発を行っていたのでは現地のニーズと乖離する事態も生じてきた。そこで，部品等の調達はもとより，マーケティング，さらには，商品の企画／開発まで現地に移転せざるを得ない状況にある。

バリュー・チェーン全体の移転は日系企業だけでなく外資系企業でも起きていることから，必然的に現地での優秀な人材の獲得競争が激化し，これに伴い，人材の獲得，育成，報酬制度の見直しといったグローバル人材マネジメントの必要性が高まってきたといえる。

次に，企業の進出先が多岐にわたるようになったことも，人材マネジメントの必要性を高める要因の1つである。BRICsはもとより，ブラジル以外の南米諸国，中東，アフリカ諸国にまで進出している企業も増えつつある。進出先が増えれば本国がコントロールする範囲が増えることになり，必然的に人材マネジメントの「量」が増加し，本社の負担は増えることになる。

さらに，地域を束ねる地域統括会社の設立に伴う組織全体の複雑化が挙げられる。ここに地域統括会社とは，各リージョンあるいは国の中に複数の現地法人等が存在する場合にそれらの会社をコントロールする機能を有する会社である。現地法人各社にグリップを効かせ，同じ方向を向かせたり（例えば，顧客サービスの統一）することが主たる存在理由である。例えば，中国の統括会社が国内の複数の現地法人を束ねるといった同一国内の他の法人を管理するケースもあれば，シンガポールに設置した統括会社がアジア・パシフィック地域内に存在する現地法人等を管理するケースもある。

この地域統括会社の設立によって，必然的に組織が複雑化することになり，ゆえに，本社および統括会社の人材には従来以上に高いマネジメント能力が求められることになる。より高い人材スペックが要求されることにより人材の採

用,育成や場合によっては報酬面での変化が生じることになる。

最後に,アウトバウンド(in-out)のM&Aの増加による人材マネジメントの必要性が挙げられる。日系企業によるアウトバウンドのM&Aによって現地企業と日本企業の現地法人の統合や,統合が生じない場合であっても現地の人事制度等を改革する必要が生じる場合があるからである。事業買収によってターゲット企業の一事業部がカーブ・アウトされる場合にもスタンド・アローン問題を典型とする様々な人材マネジメント上の問題が生じる。例えば,日本本社として当該事業部が単独でオペレーションができるようにするための支援をしなければならないところ,それを支援できるグローバル人材を社内で見つけられない,といった事態である。

### (3) グローバル人事制度とその類型

上述のグローバル人材マネジメントの必要性を受け,グローバル展開している企業の多くは既にグローバル人事制度を構築している。グローバル人事制度を構築しているといってもその内容は,日本の人事制度の適用範囲によって異なり,それには大きく3つの類型がある(もちろん,何に着目して分類するのかによって異なる類型も考えられる。)。

第1が,日本の人事制度をベースとして,これをグローバルに適用させる類型である(統一型)。ただ,注意を要するのは日本の伝統的な人事制度をそのまま海外に適用しようとしてもそれを機能させるのはかなり困難を伴うという点である。そのため,通常は,グローバルでの統一人事制度を導入するにあたって日本の制度自体をグローバル化させることになる。

第2が,日本の制度をグローバル化させるのが困難だということを前提として,日本と海外を切り離し,海外でグローバル統一制度を導入する類型である(分離型)。海外で統一させるといっても海外の現地法人／拠点全てを統一の制度とする場合もあれば,リージョン毎に異なる制度を導入するケースもある。

第3が,日本の制度を部分的にグローバルと統一化させる類型である。例えば,グローバル・キーポスト,すなわち,日本本社のコントロールを及ぼすべ

きポストについては日本も含めて統一化させようとするケースである。ここでどの制度をベースにするのかについては日本の制度をベースとすることもあれば，海外で主流の制度をベースとすることもある。後者の例としては，消費財メーカー等が買収した海外子会社をモデルとする場合が挙げられる。

　単純に考えればこれら3類型のうち，第1と第3の類型については日本の役員報酬への影響が生じることになり，その結果，日本の役員報酬をグローバル化させる必要性が生じる。なぜなら，第1類型においては日本の役員報酬が海外経営幹部報酬のモデルとなるし，第3類型ではグローバル・キーポストには日本本社のポストも含まれるところ，これらのキー・ポストに外国人が就任する可能性がある以上，日本の役員報酬制度がグローバル化せざるを得ないからである。とはいえ，第2類型において役員報酬を改革する必要が無いとは言い切れない。制度上は原則として外国人経営幹部が日本の本社の執行役員を含む役員に任用されないとしても，例外的に任用することもあり得るからである。実際，そういったケースも少なくない。

　以上から，改革の必要性の程度は会社の事情によって異なるがグローバル人事制度の構築によって日本本社の役員制度のグローバル化に着手する必要性が生じることに留意する必要がある。

　本書はあくまでも役員報酬をテーマとしているため，グローバル人事制度の詳細，グローバル人材の育成その他グローバル人材マネジメントの詳細については割愛する。

# 3　グローバル役員報酬の構築

## (1)　海外経営幹部の報酬との相違点

　グローバル役員報酬制度を構築するにあたっては，先ず，欧米等に所在する自社の海外現地法人における経営幹部報酬と自社の役員報酬制度との相違点について把握する必要がある。その上で，(理屈の上では) 自社の役員報酬制度をベースとしつつ，現地法人の経営幹部報酬を一部取り込むのか，新たなもの

を作るのか,あるいは,現地法人の経営幹部報酬をベースとしつつ,現地法人の経営幹部報酬を一部取り込むのかを検討することになる。

次章では海外経営幹部報酬の詳細について取り扱うが,端的には,海外経営幹部報酬と日本の役員報酬の決定的な差異は①中長期インセンティブの有無・ウェイト,および,②報酬水準の２点である。①の中長期インセンティブについては,日本では依然としてストックオプションが主流でありそれ以外のインセンティブ・プランを導入している例は少ない。これに対して,欧米では中長期インセンティブには様々なものがあり,かつ,広義の業績連動型報酬における中長期インセンティブのウェイトは相対的に高い。②の報酬水準については,日本の役員の報酬水準が海外の同規模の企業の経営幹部のそれと比較するとかなり低いことが多い。

## (2) グローバル役員報酬制度構築の方向性

グローバル役員報酬制度を構築するにあたっては,先ずは,グローバル役員報酬戦略および役員報酬の方針を構築する必要がある。日本本社の制度をベースとするか現地法人の経営幹部報酬をベースとするべきかといった議論はあるが,海外経営幹部をどの程度任用したいのかによるだろう。極端に言えば,海外のビジネスが日本のビジネスより重要でそのために過半数の役員を海外経営幹部とする必要性があるケースでは,海外現地法人の経営幹部報酬をベースとする(あるいは欧米流のあるべき役員報酬を構築)することになろう。これに対して,１名程度の海外経営幹部だけを想定する場合には,日本をベースとすれば足りることが多いであろう。

そして,多くのケースでは,以下の中長期インセンティブの拡充と報酬水準の見直しといった対応が迫られる。

### イ)中長期インセンティブ

中長期インセンティブの点についてだが,仮に,中長期インセンティブが無いことに日本国内の事情に照らしてそれなりの合理性があったとしても海外経営幹部から見ると大きな違和感が生じるのが通常である。海外では,多くの欧

米企業において経営幹部のトータル報酬の半分近くが中長期インセンティブであることが多く，それが全く無いということ自体，日本本社の役員になろうとする動機付けを阻害しかねない。また，仮に中長期インセンティブが存在したとしてもそのウェイトが余りに小さい場合にも同様の阻害要因となりかねない。中長期インセンティブが無い，あるいはそのウェイトが小さいということは，中長期の人材の繋ぎとめに資さないということを意味するからである。

　中長期インセンティブといっても株式連動型と非連動型がある。株価と業績の乖離が著しい企業であれば株価連動型だけでなく非連動型の中長期インセンティブを導入することも検討に値する。株式連動型のスキームに非連動型のパフォーマンス・ユニットといった選択肢を併用することによって株価偏重を回避することも可能となる。

　ロ）報酬水準

　何か特別な動機付け要因でもない限り，トータルでの報酬水準が大きく下がるようであれば海外経営幹部が日本の役員に就任してくれることは先ず無い。

　いくらグローバル化をするからといっても，いきなり自社の役員報酬の水準を，例えば，社長の現行年俸5,000万円を倍の1億円とし，同様に他の役員の報酬水準も上げるということには違和感があろう。とはいえ，会社に真にグローバル化の必要性があるとすれば，役員自体のグローバル化は必至である。役員自体がグローバル人材としてグローバル・ポストを経験し，他のグローバル企業に転職できるだけの人材でなければならない。そうだとすれば，役員に求められる能力・経験は従前以上に高いものでなければならず，また，それに対応して役員の報酬も必然的に高くならざるを得ない。そういった能力の無い役員が役員に任用される可能性があるとしたらそのような仕組みは改められなければならないし，そういった人材（1億円に値する。）がいないのであれば中長期的に育成するか，外部から獲得することになろう。

# CHAPTER 18 海外経営幹部報酬

## 1 海外経営幹部報酬

　本章における題材は，日本における役員報酬ではなく，海外における現地法人等のトップを含む経営幹部の報酬についてである。そのため（兼務していない限りは）海外経営幹部は日本の会社法あるいは税法上の役員ではなく，そういう意味で役員報酬という名称を使わず，経営幹部報酬という名称を用いている。経営幹部の範囲については明確な定義はないが，上からCEOを含めた3階層下辺りまでを対象とするのが通常であろう。

### (1) 日系企業の抱える課題

　日系企業は海外経営幹部の報酬に関して種々の課題等を抱えている。そこで，先ずは，多くの日系企業の抱える課題について整理する。

　第1に，現地法人において誰に，どのような報酬が，どの程度支給されているのかが見えていないケースがある。仮に，制度は把握していてもどう運用されているかがわからないケースもある。仮に制度や運営が見えていたとしても，それが妥当なのかどうかの判断材料が無いというケースも少なくない。現地の労働市場，報酬に関する情報等が無ければ払いすぎなのかそうでないのかの判断ができないのは当然である。これは，日本本社が海外経営幹部報酬を現地に任せきりであることに起因するとともに，現地に関する専門的な情報等を欠いている点に起因する。

　第2に，現地法人の経営幹部同士の報酬構成や水準を比較した場合に大きな格差が生じているケースがある。この場合，なぜそのようになっているのかを問われても説得的な説明ができない。公正さを欠くのではないかという批判を

免れない。これは，第1の課題の原因である現地に関する専門的な情報（例えば，現地の労働法制，実務・労働慣行）の欠如に加えてグローバル人材マネジメント戦略の欠如に起因する。

第3に，海外経営幹部の報酬水準が日本本社の報酬水準に引きずられ適正な水準を下回り，その結果，経営幹部が他社に引き抜かれるケースがある。これは現地に関する専門的な情報の欠如や経営幹部とのコミュニケーション不足による経営幹部情報（経営幹部の動機付け要因に関する視点や経営幹部の役割と報酬の均衡の有無）の欠如に起因する。

第4に，各国の経営幹部の報酬が不整合なためクロスボーダーでの幹部の異動が阻害されるケースがある。これはグローバル報酬戦略・管理，グローバル連結経営への対応の遅れといったガバナンスの欠如に起因する。

最後に，各国の法制，税制は頻繁に改正されており各国においてこれに対応した経営幹部報酬の構築が不可欠であるところ，必ずしも対応ができていないケースがある。これは，現地に関する専門的な情報の欠如に起因する。

## (2) 課題解決の方向性

このように，日系企業が抱える課題は①現地の経営幹部報酬に係る専門的な情報の欠如，②人材情報の欠如，③グローバル報酬戦略の欠如，④コーポレート・ガバナンスの欠如に起因する。

そこで，それぞれについて解決方向性を検討したい。

**図表18-1 現地経営幹部報酬に係る課題**

| | |
|---|---|
| ① | 専門的な情報（判断材料）の欠如 |
| ② | 人材情報（経営幹部情報）の欠如 |
| ③ | 戦略性の欠如 |
| ④ | コーポレート・ガバナンスの欠如 |

## イ）専門的な情報（判断材料）の欠如への対応

　先ず，①の現地の幹部報酬に係る専門知識等であるが，少なくとも米国や英国といったある程度情報が入手しやすい国の経営幹部報酬の建付けについては理解しておく必要がある。主要国であっても細かな内容や主要国以外の国々の経営幹部報酬関連の情報については，現地の人事担当者やアドバイザーから情報を入手せざるを得ないだろう。

　例えば，米国と日本の役員・経営幹部報酬を比較すると，決定的な違いは固定報酬の構成比率にある。日本では多くの企業において総報酬の約7，8割が固定報酬に位置付けられるが米国では総報酬の約2，3割が固定報酬とされることが多い。

　また，中長期インセンティブの必要性に対する考え方も大きく異なっており，日本では中長期インセンティブといえばストックオプションが主流であり，しかも，上場企業にあってもストックオプションを付与していない企業は少なくない。これに対して，米国ではストックオプションに加えてrestricted stock unit（RSU）も広く用いられているとともに，総報酬に占める中長期インセンティブの割合は日本と比較して格段に大きい。CEOレベルになると中長期インセンティブの総報酬における割合が5割に達する例も少なくない。

　また，主要国以外では日本ではなかなか想像もつかない事態が生じていることもある。例えば，中国では報酬水準は毎年2桁の上昇率であり，非金銭報酬（例えば，リーダシップ開発の機会の提供）や中長期インセンティブの多様化が進んでいる。南米に目を向けると，近時，アルゼンチンではインフレが進行しており，インフレに伴い経営幹部の固定報酬を一年で30％も昇給させた例も見られる。また，ベネズエラのように極端なインフレを伴う国では，経営幹部の報酬のうち中長期インセンティブ部分の50％を米ドル建てで支払うことにより，インフレヘッジを行い，より魅力的な報酬を提供する事例も存在する。

　以上，各国の経営幹部報酬の特徴等をみてきたが，このような専門的な情報を定期的に入手できるルートを確保しておくことが1つの解決策といえよう。

ロ）人材情報（経営幹部情報）の欠如

　経営幹部情報には2つの側面がある。1つは，当該経営幹部の能力の把握である。そして，もう1つが経営幹部が何を望んでいるのか（ニーズ）の把握である。

　前者の経営幹部の能力の把握についていえば，自社のあるべき人材に求められるコンピテンシーをどの程度備えているのかを把握することが重要である。共通の価値観や仕事の進め方を具体的な能力・行動に展開できているのかどうかを把握することは経営幹部の適正を判断する上で不可欠といえる。そして，後者の経営幹部のニーズについては，経営幹部が何によって動機付けされやすいのかを探ることを意味する。例えば，金銭的な処遇を重視するのかどうか，重視するのであればそのうちの何が本人にとって重要なのか，また，会社として経営幹部に共感できるビジョンを示せるかどうか，非金銭的な処遇が有効かどうかも検討しなければならない。ここに非金銭的処遇とは，金以外の方策による処遇を意味する。より大きな責任や権限を与えるといった仕事による処遇も1つである。また，働きやすい労働環境の提供やキャリア開発の機会の提供も1つである。もちろん，経営幹部が望むままに全てを与えることはでき

図表18-2■経営幹部に対する処遇と方策

| 処　遇 | | 具　体　例 |
|---|---|---|
| 金銭的処遇 | | ・報酬構成の変更<br>・報酬水準の見直し<br>・リテンション・ボーナスの支給 |
| 非金銭的処遇 | ビジョンの提示 | ・海外経営幹部が魅力的と感じる将来のビジョンを示す |
| | 仕事による処遇 | ・より大きな役割・責任を与える |
| | 環境の整備 | ・オフィス（個室）の拡張<br>・コミュニケーション方策の見直し |
| | キャリア開発の機会 | ・リージョナルないしグローバルなキャリアの提供（例えば，本社への異動の機会）<br>・社内外のグローバル研修への参加 |

ないが，一定の制約条件の中で本人の望む処遇を与えることが本人の動機付けに資することは言うまでも無い。

### ハ) 戦略性の欠如

グローバル報酬戦略の欠如への対応策としては，経営理念，経営戦略を反映したグローバル報酬戦略の構築が挙げられる。グローバル人事制度（経営幹部の採用，育成，配置，評価，報酬）を策定している企業であればグローバル人材マネジメント戦略が存在するはずであり，これと報酬戦略の整合性が求められる。

さらには，具体的な施策として各拠点，地域，グローバル業績を海外経営幹部の報酬に反映させることが挙げられる。これによって日本を含む世界各国の拠点の経営幹部の報酬に共通項が生まれるからである。グローバル・ストックオプションの導入といったグローバルで共通な報酬項目を設定することも同様の効果をもたらす。

### ニ) ガバナンスの欠如

ガバナンスの欠如に対しては，先ず，人材情報を的確に把握することが重要である。少なくともグローバルでのキー・ポストに就任している人材の所在，経験，能力等に関する情報は一元管理できるようにデータ・ベース化することが望ましい。

また，昇給，昇進，賞与に関する意思決定のプロセスを明確化し，これをフロー・チャート等に落とし込み，これに従った運用がなされるようにすることも重要であろう。

## (3) 海外経営幹部報酬改革の流れ

海外経営幹部報酬の改革に先立ち，そもそも海外経営幹部の報酬制度がどのような構成要素から成っているのかを米国を例にとって簡単に見ていきたい。

報酬項目は，①固定報酬（base pay），②賞与（bonus），③中長期インセンティブ（long term incentive），④福利厚生（benfit／pension）によって構成されるのが一般的である。

### 図表18-3■海外経営幹部報酬の一般的な構成要素

| 固定報酬 | 賞与 | (中)長期インセンティブ | 福利厚生 |

それぞれの支給目的は，企業によって異なるが，およそ①は市場における競争力の維持や内部公正性の保持や優秀な人材の獲得・繋ぎ止めにある。②は，短期業績に対する意識付けないし動機付けや成果に応じた公平な処遇を実現するためである。③は，経営幹部と株主の利害の一致を志向するとともに経営幹部に対して短期ではなく中長期の会社業績に対する動機付けを促すためである。④は，SERP（supplimental executive retirement plan）と呼ばれる退職金／企業年金が典型である。これは退任後の生活あるいは退任前の所得水準を一定程度保障することによって経営幹部を獲得し，繋ぎ止めるためのものである。ただし，社外取締役についてはSERPの対象外とされるのが通常である。

では，海外経営幹部報酬を改革するにあたってどのような作業が発生するのか。

先ず，先に米国における海外経営者報酬の動向・特徴について検討したように各国の経営者報酬の動向・特徴について調査し，さらに，自社の日本を含む各国の経営幹部の現行制度（例えば，既にグローバル等級制度の統一等がなされている場合には報酬制度が中心となる。）を把握し，分析をする必要がある。その過程において先に検討したような課題（上述の例では4つに集約）を自社のケースに置き換えつつ具体的に抽出し，課題解決の方向性について検討することになる。

さらに，これらの現状分析結果や課題を踏まえてグローバルでの報酬戦略の策定ないし既存の戦略の見直しを実施することになる。そして，グローバル報酬戦略を踏まえて，世界各国における経営幹部報酬のポリシーを策定し，各国の経営者報酬の概要設計に入ることになる。各国の概要設計自体にあたっては，その全体像が見えるように各国別の設計・導入計画の策定し，さらに各国での

検討結果が適宜本社に報告される仕組みの構築が不可欠である。全体像を誰かがモニターしていないとグローバル報酬戦略や各国別のポリシーと乖離した制度が構築される可能性があるからである。概要設計においては，経営者報酬の構成要素，それぞれの構成比率，水準設定，バンドの設計，業績指標との対応関係の検討等が主たる作業となる。

さらに，詳細設計においては，経営者報酬制度の詳細の決定，その妥当性の検証が不可欠である。ここに詳細とは，昇給・降給率・ルール，一定の業績結果に対応する支給額のシミュレーション等までを含む。

最後に，導入準備として，移行措置の要否・方策の決定，経営者報酬対象者に対するコミュニケーションを実施することになる。

## 2 M&Aと海外経営幹部報酬

### (1) M&Aと経営幹部報酬の統合・改革

M&Aの場面においては，海外経営幹部の報酬の統合や改革の必要性が生じることが少なくない。例えば，日系企業が海外の企業を買収した場合，①当該ターゲット企業（およびその子会社）と日系企業の現地法人を統合する場合と，そのまま②日本本社あるいは現地法人等の子会社として存置させておく場合が考えられる。①については，日系企業の現地法人の経営幹部報酬を含む報酬制度全体とターゲット企業（およびその子会社）の報酬制度全体を統合する必要性が高い。他方，②の場合には，必ずしも統合する必要は無いが，法人間の報酬その他の面での公平性を担保するためにも少なくとも経営幹部の報酬については日系本社のグローバル報酬戦略に合致する形で改革することが望ましい。

仮に，経営幹部の報酬を統合ないし改革する場合には，先ず，ターゲットの経営幹部報酬，現地法人の経営幹部報酬の現状を詳細に把握する必要がある。その際，比較表を作成しておくことが重要である。現地法人の経営幹部報酬がグローバル報酬戦略と整合する先進的な制度になっているのであればそれにターゲットの経営幹部をはめ込むことが考えられるし，逆に，ターゲットの経

営幹部報酬がむしろグローバル報酬戦略とより整合するのであれば現地法人の経営幹部報酬をそちらに合わせることも想定される。買収を機に経営計画等を見直すのであれば，それと合わせて新たなあるべき経営幹部報酬を構築することも考えられる。

また，M＆Aの場面においてはリテンション・ボーナスも重要な意味を持つ。基本的に欧米においては買収に対して拒否反応を起こす経営幹部は少なく，つまるところ，"What's in it for me ？"に尽きる。買収によって自分に何か得るものがあるのかどうか，である。得るものがあると思えば残るし，得るものが無いと思えば残らない。視点を変えれば，買収側の日系企業からすれば得るものがあると思わせることができれば残ってもらえるし，そうでなければ離れていってしまうかもしれないということである。得るものがあるかどうか微妙であればリテンション・ボーナスが有効な繋ぎ止め策になる可能性がある。

海外経営者報酬の見直しにおいても，リテンション・ボーナスの設計においても，M＆Aの場面において注意すべきなのは，日本本社が現地の経営報酬に関する法制，慣行等を十分に理解し，改革のプロセスに適切に関与することである。重要な意思決定を的確かつ迅速に行うことがポストM＆Aでは極めて重要である。現地の言いなりになってはならないし，かといって，渋ってもいけない。ここでのつまずきが人材の流動性の高いグローバル・マーケットでは死活問題となりかねないのである。

こういった事態が生じないためにはM＆Aに先立って人事デューデリジェンスを実施することが1つの対策といえる。早い段階で相手の報酬制度等に関する情報を握っておかなければ対策を出しようが無いからである。全般的な傾向として，役員報酬について言えば，日本企業は現地の言いなりになるケースが多く見受けられ，その原因の一つが，現地の報酬慣行や対象会社の役員報酬制度に関する情報の欠如である。その意味でも，人事デューデリジェンスにおける当該情報の把握の必要性は高いと言えるだろう。

以下，クロス・ボーダーの人事デューデリジェンスについて簡単に解説したい。

## (2) 人事デューデリジェンス

　欧州債務危機の影響に伴う欧州企業による買収案件低迷で，2012年上半期のクロスボーダーM＆A金額はグローバルで大幅に減少している。では日本ではどうかというと，日系企業が関連するM＆Aも同様に減少しており，件数ベースでも金額ベースでもその傾向は変わらない。とはいえ，国内市場の縮小や久しく続いている円高の影響もあり，in-out（日系企業による外国企業に対するM＆A）の構成比率は高まっている。2012年12月に発足した自由民主党の第2次安倍内閣の政策によって円安に転じつつあるが，クロスボーダーM＆Aに対する企業の意欲は衰えていないように感じられる。

　そして，M＆Aを実施するにあたって必須となるのがデューデリジェンスである。デューデリジェンスとは，M＆Aに関する意思決定を行うに際して実施する，投資対象会社の現状およびリスク・問題点の有無などを把握するための調査をいう。これには，財務デューデリジェンス，税務デューデリジェンス，法務デューデリジェンス，人事デューデリジェンス，ＩＴデューデリジェンス，さらに，場合によっては環境デューデリジェンス等が含まれる。中でも，人事デューデリジェンスは組織，人材マネジメント，あるいは，人的視点から実施するものを指す。本稿の検討対象としての役員報酬（さらには海外経営幹部報酬）との関連では人事デューデリジェンスが重要となる。

　人事デューデリジェンスと言うからには対象は人事ということになるが，具体的に何が対象となるのかについて簡単に説明すると，広くは，図表18－4に記載した全てとなる。とはいえ，人事機能については買収対象企業（ターゲット）の特定事業部の切り出しが予定されている場合を除いては検討しないことが少なくなく，また，組織風土についてもターゲットとの統合等が予定されていない場合には実施されないことが多い。

　視点を変えると，案件の性質，つまり，相対のディールなのかオークションなのかによっても検討対象が変わることがある。オークションの場合，競合他社が存在するため，多くを求めると売り手や対象企業の印象を害する可能性があるからである。

### 図表18-4■人事デューデリジェンスの検討対象

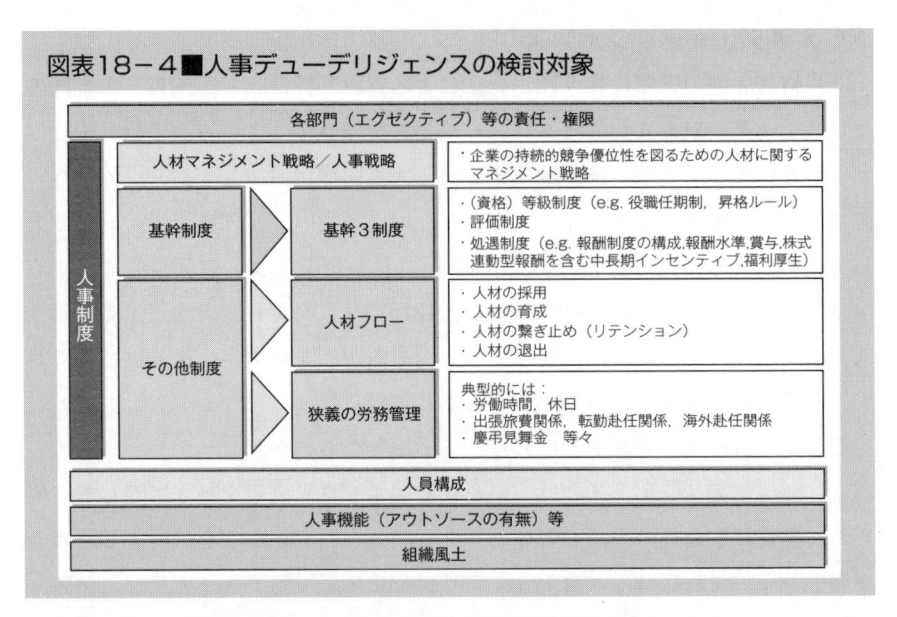

| | | | |
|---|---|---|---|
| | 各部門（エグゼクティブ）等の責任・権限 | | |
| 人事制度 | 人材マネジメント戦略／人事戦略 | | ・企業の持続的競争優位性を図るための人材に関するマネジメント戦略 |
| | 基幹制度 | 基幹3制度 | ・（資格）等級制度（e.g. 役職任期制，昇格ルール）<br>・評価制度<br>・処遇制度（e.g. 報酬制度の構成，報酬水準，賞与，株式連動型報酬を含む中長期インセンティブ，福利厚生） |
| | その他制度 | 人材フロー | ・人材の採用<br>・人材の育成<br>・人材の繋ぎ止め（リテンション）<br>・人材の退出 |
| | | 狭義の労務管理 | 典型的には：<br>・労働時間，休日<br>・出張旅費関係，転勤赴任関係，海外赴任関係<br>・慶弔見舞金 等々 |
| | 人員構成 | | |
| | 人事機能（アウトソースの有無）等 | | |
| | 組織風土 | | |

人事デューデリジェンスについては，以下の整理が有益である。

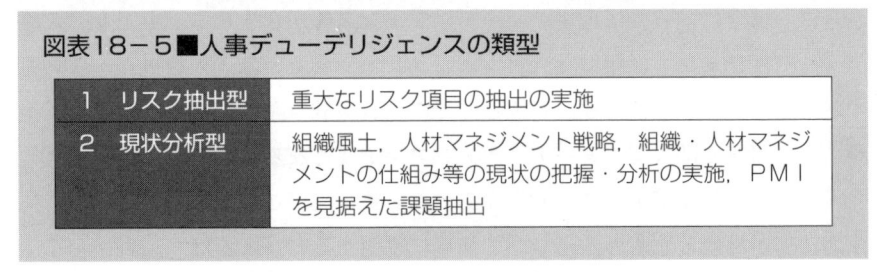

### 図表18-5■人事デューデリジェンスの類型

| 1 | リスク抽出型 | 重大なリスク項目の抽出の実施 |
|---|---|---|
| 2 | 現状分析型 | 組織風土，人材マネジメント戦略，組織・人材マネジメントの仕組み等の現状の把握・分析の実施，PMIを見据えた課題抽出 |

1つ目のリスク抽出型が，ディールの成否を左右する項目，買収価格へのインパクト（バリュエーション・インパクト）の生じる項目，その他の重大な人的リスクの洗い出しとしての人事デューデリジェンスである。これらのリスク項目等をベースとして，SPA（share purchase agreement）やDA（definitive agreement）に記載すべき事項の洗い出しも実施することになる。

## 図表18-6 リスク抽出型人事デューデリジェンスにおける検討内容の整理

| | |
|---|---|
| 1. ディール・ブレーカーとなり得る項目の抽出 | ■ ディール・ブレーカーの洗い出し<br>■ ディールに重大な影響を与える項目の洗い出し |
| 2. バリュエーション・インパクトないし財務的インパクトを与え得る項目の抽出 | ■ 買収価格に影響を与える項目の洗い出し<br>■ その他，定量的な財務インパクトのある項目の洗い出し |
| 3. その他のリスク項目の抽出 | ■ 非合理的な仕組み等，必ずしも定量的なインパクトは無いが重要なリスク項目の洗い出し |
| 4. SPAないしDAに記載し得る事項の抽出 | ■ 上記リスク項目の中でSPA等に記載し得る事項の洗い出し |

　2つ目の現状分析型が，現状の把握，課題抽出，さらには，改革を要する項目の洗い出しを目的とする人事デューデリジェンスである。これは，カーブ・アウト（あるいは，スピン・オフ）を実施する場合や人事制度統合・改革が予定されている場合に有効である。例えば，グローバル企業AがグローバルBのX事業を買収した場合，X事業はグローバル企業Aから切り出されることになるが，その際，労働条件を同等にすることが要求されることが多く，そのためには現状分析が必須となる。

### (3) 人事デューデリジェンスの必要性

　リスク抽出型の人事デューデリジェンスはM＆Aにおいて必須といえる。殊に，in-outのクロスボーダーの案件においてはその必要性がより高いといえる。装置産業ならまだしも，サービス業のように人材が差別化要因になっている業態においては人的リスクの存在は致命傷になりかねない。また，バリュエーション・インパクトのある事項の洗い出しを怠ると必要以上に高値で買収をか

けることになり買収の意味が損なわれる可能性がある。

　また，現状分析型のデューデリジェンスは本来的な意味でのデューデリジェンスとは若干異なるが，規模の大きなディールにおいては，リスク抽出型のデューデリジェンスに加えて，現状分析型のデューデリジェンスも実施しておくことが望ましい。買収後，対象会社の優秀な役員に継続的に経営権を握らせるような場合には，これらの役員をうまく繋ぎ止める必要があるし，キャリア・パスも描かなければならないところ，その前提として現状の把握は必須である。また，大企業の一部の部門のグローバルでのカーブ・アウト案件等では，同程度の福利厚生を維持することが極めて重要である。大企業では福利厚生が充実しており，それがカーブ・アウトされて小さな企業になる結果，同程度の福利厚生を維持できなくなることが多く，その結果，人材が流出してしまうことがある。これを防止するためにも，現状分析型のデューデリジェンスを念入りに実施し，そういった事態を防ぐことが重要である。新興国においてはかなり特殊な制度・運用がなされていることもあり，そういった制度の存在をあら

**図表18－7　現状分析型人事デューデリジェンスにおける案件ストラクチャー別の主要テーマ**

| | |
|---|---|
| 株式取得の場合 | ・主に案件執行後のガバナンスに主眼を置いた分析<br>　－ 意思決定の仕組み<br>　－ 経営陣のリテンション，報酬 等 |
| 事業買収の場合 | ・主にスタンド・アローン問題に主眼を置いた分析<br>　－ リテンション，転籍一時金<br>　－ 追加的に必要となる人事機能 等<br>　－ 労働条件の利益・不利益の検討 等 |
| 合併の場合 | ・主に案件執行後の統合に主眼を置いた分析<br>　－ 合併法人と被合併法人の<br>　　人事制度の差異 等 |

かじめ把握しておくことも重要である。

　日系企業がＰＭＩ（post merger integration）に失敗するケースは決して少なくないところその原因の１つが改革への着手が遅い点にある。買収からしばらくするとターゲットの心理として改革が無いと考えるのが通常であり，どうせ改革を実施するのであれば買収から早ければ早いほど良い。そのための材料集めを担うのが現状分析型デューデリジェンスなのである。

### (4) 海外経営幹部に関する検討項目

　人事デューデリジェンス項目の中でも経営幹部報酬との関係で重要性が認められるのが，第１に，severance plan（退職手当），ゴールデン・パラシュートのような経営幹部の退職に伴って発生する退職金等である。これらは場合によって多額になるためターゲットの株式価値を損なうことが想定され得る。第２に，確定給付型の年金である。退職給付債務の計算の妥当性はもとより計算の前提となる死亡率，昇給率，割引率等の数値の妥当性も検討を要する。第３に，経営幹部の流出の可能性である。優秀な経営幹部についてはその流出は場合によって買収そのものを無意味にしかねない可能性がある。デューデリジェンス段階ではなかなかキー・パーソンの特定は困難であるが可能な限り誰がキー・パーソンでこれらの人材の流出の可能性について把握しておくことが重要である。また，ディールの執行後を見据え，キー・パーソンをどのようにして繋ぎ止めるべきかを検討する前提となる材料を集めておくことが重要である。キー・パーソンを金銭で繋ぎ止めるにしてもどの程度の水準を付与すべきかについては当該人材の現在の報酬水準，嗜好性，マーケットの動向等を総合的に考慮せざるを得ないからである。

　第４に，ＣＯＣ（change of control）に伴う影響である。例えば，買収対象企業のエグゼクティブに対してストックオプションが付与され，買収によってＣＯＣが生じた場合には，契約上ＣＯＣによりストックオプションの権利行使制限が解除され（vest），エグゼクティブに付与されたストックオプションが行使可能とされ，かつ，権利行使によって取得された株式をストックオプショ

ン発行会社がエグゼクティブから買い取るものとされることがある。これは買収者の便宜を図ることによって買収を阻害しないようにするものであるが，同時に，ターゲットの株式価値を低下させるものであり，これがどの程度の額になるのかについて買収者が関心を有するのが通常である。額が巨大になると株式価値を損なう可能性があるだけでなく，買取によって多額の金銭を手にするエグゼクティブを繋ぎ止めることが困難になる。買収者が，自らが得意としない業界に属する企業を買収する場合にはターゲットの経営陣の繋ぎ止めがキーになることが少なくないが，多額のストックオプション拠出金によってこれが阻害されることも想定される。

図表18-8 人事デューデリジェンスにおいて抽出された経営幹部関連のリスク(例)

| | |
|---|---|
| 1 | 案件の執行によって多額の一時金（ゴールデン・パラシュート含む。）支給される。 |
| 2 | 案件の執行によってストックオプションが行使可能となり，その結果，ターゲットに株式の買取義務が発生する。 |
| 3 | 買収によって経営幹部その他キー・メンバーの流出リスクが生じる。 |
| 4 | ストックオプションの権利行使価格が付与時の時価を下回っていることからIRC§409Aに伴うペナルティー的な課税が生じる。 |

# 参考文献

1 江頭憲治郎『会社法（第4版）』（有斐閣，2011）
2 江頭憲治郎「ストック・オプションのコスト」岩原伸作＝神田秀樹編『竹内昭夫先生追悼論文集・商事法の展望』（商事法務研究会，1998）
3 黒沼悦郎他『Law Practice商法』（商事法務，2011）
4 宍戸善一『「企業法」改革の論理』（日本経済新聞出版社，2011）
5 宍戸善一・広田真一編『委員会等設置会社ガイドブック』（東洋経済新報社，2004）
6 末長敏和他編『委員会等設置会社重要財産委員会導入の実務』（中央経済社，2004）
7 デロイト　トーマツ　コンサルティング「役員報酬サーベイ2012」調査報告書
8 村中靖「インセンティブ効果を高めるストックオプションの設計・導入準備と留意点」（旬刊経理情報No.1116，中央経済社）
9 村中靖『ＭＢＡ人材マネジメント戦略』（ＴＡＣ出版，2007）
10 森田政夫『法人税事例選集』（清文社，2010）
11 弥永真生『リーガルマインド会社法（第12版）』（有斐閣，2009）
12 Bebchuck, Lucian, and Fried, Jesse. 2004 Pay Without Performance. Cambridge, MA：Harvard University Press
13 2012／SAY ON PAY RESULTS, Russel Brossey Consulting Group, LLC（http://www.semlerbrossy.com/SAYONPAY）

# 索　引

## 【アルファベット】

ADR ······················································ 103
ADRベースのストックオプション ····· 103
annual report ····································· 152
CFO ······················································ 139
CHRO ··················································· 139
clawback ················································ 21
COC（change of control）················· 195
DA（definitive agreement）··············· 192
deferred compensation ················ 36, 97
EBITDA ·················································· 91
EBITDAマージン ·································· 87
HSBC Global Mining Index ··············· 58
in-out ··················································· 191
IRC ······················································· 123
ISO（Incentive stock option）············ 121
ITデューデリジェンス ························ 191
KPI（Key performance indicator）·· 58, 90
M&A ····················································· 189
out of money ····································· 117
PMI（post merger integration）········ 195
ROA ······················································· 87
ROE ················································· 60, 87
RS（Restricted stock）························· 97
RSU（Restricted stock unit）···· 29, 97, 185
SARs（Stock appreciation rights）
 ···················································· 97, 105
Say on Pay ············································ 19
SERP（supplimental executive retirement plan）············································ 188
SPA（share purchase agreement）····· 192
TSR（total shareholder return）··········· 57
under water ······································· 117

## 【あ行】

アセスメント ······································· 165
洗い替え型 ············································ 70
あるべき役員像 ···················· 12, 38, 57, 163
案件ストラクチャー ··························· 194
委員会設置会社 ································ 1, 152
1円ストックオプション ······················ 52
委任型 ··········································· 37, 136
委任契約 ······································· 37, 128
イノベーション戦略 ····························· 15
インフレヘッジ ··································· 185
打ち切り支給の決議 ····························· 49
売上総利益率 ········································ 86
売上高 ···················································· 91
売上高成長率 ········································ 88
営業総利益率 ········································ 86
営業利益 ················································ 91
営業利益成長率 ···································· 88
エージェンシー問題 ····························· 27
エンロン事件 ········································ 98
お手盛りの防止 ······································ 5
オプション算出モデル ······················· 116

## 【か行】

カーブ・アウト ··································· 193
海外経営幹部報酬 ······························· 183
海外税務 ·············································· 121

| | |
|---|---|
| 海外駐在員 | 120 |
| 会計監査 | 148 |
| 会計監査人 | 1 |
| 会計参与 | 1 |
| 外部価値 | 73 |
| 確定利益 | 100 |
| 合併契約書 | 56 |
| 株価収益率 | 89 |
| 株価純資産倍率 | 89 |
| 株式の希薄化 | 101, 114 |
| 株式報酬型ストックオプション | 52, 100 |
| 株式保有ガイドライン | 36, 134 |
| 株式連動型報酬 | 96 |
| 株主総会決議 | 4 |
| 株主総会の特別決議 | 107 |
| 株主利益 | 88 |
| 環境デューデリジェンス | 191 |
| 監査委員会 | 154 |
| 監査報酬 | 1 |
| 監査役 | 148 |
| 監査役会設置会社 | 1 |
| 監査役の独立性 | 149 |
| 監督給 | 141 |
| 企業内容等の開示に関する内閣府令 | 170 |
| 議事録 | 156 |
| 期ズレ | 33 |
| キャリア・パス | 138, 168 |
| 業績指標 | 88, 96 |
| 業績達成方式 | 83 |
| 業績連動型報酬 | 29, 35 |
| 業績連動性 | 27 |
| 業務監査 | 148 |
| 業務執行役員 | 79 |
| 金銭的処遇 | 186 |
| 金銭報酬総額 | 73 |
| 金融規制改革法（Dodd-Frank Act） | 19, 21 |
| 具体的報酬請求権 | 128 |
| グローバル・キーポスト | 179 |
| グローバル・ストックオプション | 119 |
| グローバル人材マネジメント | 177 |
| グローバル人事制度 | 179 |
| グローバル役員報酬 | 71, 175 |
| 経営者報酬ガイドライン | 174 |
| 経常利益 | 91 |
| 経常利益成長率 | 88 |
| 経常利益率 | 86 |
| 決算賞与 | 83 |
| 現状分析型 | 193 |
| 健全な報酬慣行に関する原則 | 25 |
| 現物方式 | 6 |
| 兼務型 | 139 |
| 権利行使可能期間 | 99 |
| 権利行使条件 | 118 |
| 権利行使制限期間 | 99 |
| 権利濫用 | 56 |
| 公開会社 | 106 |
| 高額報酬 | 22 |
| 公正価格 | 104 |
| 公正な評価額 | 108 |
| 構成比率 | 30 |
| 構成要素 | 65 |
| 効率性指標 | 85 |
| コーポレート・ガバナンス | 27, 34, 46 |
| ゴールデン・パラシュート | 64, 126, 133, 195 |
| 固定方式 | 31, 69 |
| 固定報酬（fixed） | 67 |

| | |
|---|---|
| 雇用型 | 37, 136 |
| ゴルフ会員権 | 126 |
| コンピテンシー | 17, 164 |

### 【さ行】

| | |
|---|---|
| 再任基準 | 39, 131 |
| 財務指標 | 89, 96 |
| 財務デューデリジェンス | 191 |
| サクセッション・プラン | 163 |
| 事業買収 | 179 |
| 事業報告書 | 169 |
| 事前確定届出給与 | 7, 78 |
| 執行給 | 141 |
| 執行役 | 13, 152 |
| 執行役員 | 136 |
| 執行役員制度 | 136 |
| 実力主義 | 28 |
| 社外委員 | 151 |
| 社外取締役 | 133 |
| 社宅 | 126 |
| 収益性指標 | 85 |
| 重要な使用人 | 1, 136, 140 |
| 純利益 | 91 |
| 商業登記実務 | 119 |
| 常勤監査役 | 75 |
| 招集手続 | 155 |
| 譲渡制限付株式 | 29, 100 |
| 使用人兼務取締役 | 144 |
| 職種別賃金制度 | 74 |
| 新株予約権 | 98 |
| 信義則 | 56 |
| 人材マネジメント | 28 |
| 人事デューデリジェンス | 190 |
| 信託口 | 29, 103 |

| | |
|---|---|
| 人的リスク | 193 |
| スタンド・アローン問題 | 179 |
| ストックオプション | 97 |
| ストックオプション・ゲイン | 99 |
| ストック・オプション等に関する会計基準 | 108 |
| ストック・オプション等に関する会計基準の適用指針 | 108 |
| スピン・オフ | 193 |
| 成果主義 | 28 |
| 税制適格 | 102 |
| 税制適格要件 | 110 |
| 成長性指標 | 85 |
| 税務デューデリジェンス | 191 |
| 説明義務違反 | 127 |
| 選定業務執行取締役 | 133 |
| 相殺方式 | 5 |
| 組織風土 | 191 |
| 租税条約 | 122 |
| 損金経理 | 82 |
| 損金算入 | 79 |
| 損金不算入型賞与 | 83 |

### 【た行】

| | |
|---|---|
| 退職給付債務 | 195 |
| 退職所得 | 44 |
| 退職所得控除額 | 44 |
| 退職手当 | 195 |
| 代表執行役（CEO） | 155 |
| 代表訴訟 | 73 |
| 代表取締役 | 128 |
| 短期インセンティブ | 29, 33 |
| 地域統括会社 | 178 |
| 忠実義務 | 3 |

| | |
|---|---|
| 抽象的報酬請求権 | 128 |
| 中長期インセンティブ | 29, 96 |
| 積み上げ型 | 70 |
| 定款 | 4 |
| 定期同額給与 | 7 |
| ディスクロージャー | 22, 169 |
| 敵対的企業買収 | 127, 133 |
| 転籍一時金 | 194 |
| 店頭市場 | 109 |
| 当期純利益率 | 86 |
| 同族会社 | 79 |
| 独立取締役 | 18 |
| 取締役会設置会社 | 1 |
| 取締役評価 | 130 |
| 取締役報酬の総枠 | 161 |

【な行】

| | |
|---|---|
| 任意の報酬委員会 | 150 |
| 任期 | 72 |
| 年俸（月例報酬） | 25 |

【は行】

| | |
|---|---|
| パフォーマンス・シェア | 97 |
| パフォーマンス・ユニット | 97 |
| バリュー・チェーン | 15 |
| 販管費率 | 87 |
| 非株式連動型報酬 | 96 |
| 非金銭的処遇 | 186 |
| ビジネス・ドメイン | 96 |
| 非常勤監査役 | 75 |
| 非適格ストックオプション | 118 |
| 費用収益の非対応 | 33 |
| ファントム・ストック | 97, 105 |
| 部門格差 | 73 |
| 部門評価 | 94 |
| 付与水準 | 115 |
| ブラック・ショールズ | 104 |
| 分離型 | 139 |
| 米国預託証券 | 103 |
| 平成24年税制改正 | 44 |
| 併用型 | 136 |
| ベンチマーク | 72 |
| 変動報酬（at risk） | 67 |
| 報酬委員会 | 135 |
| 報酬委員会規則 | 158 |
| 報酬諮問委員会 | 80 |
| 報酬総枠 | 161 |
| 報酬の後払い | 42 |
| 報酬の減額 | 128 |
| 法務デューデリジェンス | 191 |
| 募集事項 | 106 |

【ま行】

| | |
|---|---|
| マネジメント力 | 10 |
| 未公開企業 | 109 |
| 未実現利益 | 99 |
| みなし役員 | 140 |
| 目標管理制度 | 94 |

【や行】

| | |
|---|---|
| 役位係数 | 42 |
| 役員給与 | 7 |
| 役員後任者 | 163 |
| 役員候補者 | 163 |
| 役員賞与 | 33 |
| 役員賞与に関する会計基準 | 77 |
| 役員退職慰労金 | 29, 36 |
| 役員の定年 | 38 |

役員報酬戦略 ------------------------------ 28, 57
役員報酬の構成要素 ------------------------- 25
役員報酬の方針 ---------------------------- 28, 60
役員持株会 ------------------------------------ 52
役員持株会拠出金 ---------------------------- 52
有価証券届出書 ------------------------ 123, 151
有価証券報告書提出会社 ------------------ 170
友好的買収 ---------------------------------- 133
有償ストックオプション -------------------- 104
有利発行 -------------------------------------- 107

## 【ら行】

リーダーシップ ------------------------------- 12
利益処分 --------------------------------------- 33
利益分配方式 ---------------------------------- 84
利益連動給与 ------------------------------- 7, 79
リスク管理能力 ------------------------------- 13
リスク抽出型 --------------------------------- 192
リスク要因 ------------------------------------ 72
リテンション -------------------------------- 114
レンジ方式 ------------------------------- 31, 69
労働者 ---------------------------------------- 136
労務出資 -------------------------------------- 107

## 著者紹介

村中　靖（むらなか　やすし）
デロイト トーマツ コンサルティング株式会社
ディレクター

外資会計系コンサルティング会社，外資系Ｍ＆Ａアドバイザリー会社等を経て現職に至る。
クロスボーダーのＭ＆Ａ，グローバル人材マネジメント，役員報酬・海外経営者報酬改革等に強みを有する。
著書として，『ＭＢＡ人材マネジメント戦略』（ＴＡＣ出版，2007年）等がある。
慶応義塾大学法学部政治学科卒，早稲田大学大学院法学研究科修士課程修了（法学修士，民事法学専攻）

著者との契約により検印省略

| | |
|---|---|
| 平成25年6月1日　初　版　発　行 | **戦略的な役員報酬改革** |

| | |
|---|---|
| 著　者 | 村　中　　　靖 |
| 発 行 者 | 大　坪　嘉　春 |
| 印 刷 所 | 税経印刷株式会社 |
| 製 本 所 | 株式会社　三森製本所 |

発 行 所　〒161-0033　東京都新宿区下落合2丁目5番13号　株式 会社　税務経理協会
振　替　00190-2-187408　　電話　(03)3953-3301（編集部）
ＦＡＸ　(03)3565-3391　　　　　　(03)3953-3325（営業部）
URL　http://www.zeikei.co.jp
乱丁・落丁の場合は，お取替いたします。

©　村中　靖　2013　　　　　　　　　　　　　　　　Printed in Japan

本書を無断で複写複製（コピー）することは，著作権法上の例外を除き，禁じられています。
本書をコピーされる場合は，事前に日本複製権センター（ＪＲＲＣ）の許諾を受けてください。
　　JRRC〈http://www.jrrc.or.jp　eメール：info@jrrc.or.jp　電話：03-3401-2382〉

ISBN978-4-419-05984-2　C3034